Hans Prutz

Malteser Urkunden zur Geschichte der Tempelherren und der Johanniter

Verlag
der
Wissenschaften

Hans Prutz

Malteser Urkunden zur Geschichte der Tempelherren und der Johanniter

ISBN/EAN: 9783957000941

Auflage: 1

Erscheinungsjahr: 2014

Erscheinungsort: Norderstedt, Deutschland

© Verlag der Wissenschaften in Vero Verlag GmbH & Co. KG. Alle Rechte beim Verlag und bei den jeweiligen Lizenzgebern.

Webseite: http://www.vdw-verlag.de

Cover: Foto ©kordula - uwe vahle / pixelio.de

MALTESER URKUNDEN UND REGESTEN

ZUR

GESCHICHTE DER TEMPELHERREN

UND

DER JOHANNITER

HERAUSGEGEBEN

VON

DR. HANS PRUTZ

O. Ö. PROFESSOR DER GESCHICHTE AN DER UNIVERSITÄT KÖNIGSBERG

MÜNCHEN
THEODOR ACKERMANN
KÖNIGLICHER HOFBUCHHÄNDLER

1883

Vorwort.

Mit der vorliegenden Publikation löse ich zunächst die Zusage, welche ich bei der Veröffentlichung meiner „Kulturgeschichte der Kreuzzüge" in Betreff der darin verwertheten, bisher aber ungedruckten Materialien gegeben habe, die ich im Herbste des vorigen Jahres, Dank der Munificenz des Königlich Preussischen Ministeriums der geistlichen, Unterrichts- etc. Angelegenheiten dem ehemaligen Johanniterordensarchive in Lavaletta auf Malta entnehmen konnte. Dieselbe tritt in Folge dessen weder in der äusseren Ausstattung noch in Bezug auf den beigegebenen Apparat mit dem Anspruche eines Urkundenbuches auf, sondern verfolgt allein den Zweck, die reiche Fülle von Regesten und Urkunden, welche, zunächst für die Geschichte der Orden der Tempelherren und der Johanniter von hohem Werth, für die der Kreuzzüge überhaupt manche Bereicherung ergeben, den Fachgenossen leicht zugänglich zu machen.

Demgemäss habe ich hier zunächst den Bericht wiederholt, den ich im VIII. Bande der von v. Löher herausgegebenen Archivalischen Zeitschrift (S. 65) über das Archiv zu Lavaletta und die in demselben und in der dortigen Public Library befindlichen Reste des einstigen Tempelherrenordenarchivs erstattet habe, und im Anschluss daran einmal die auf die Geschichte des Tempelherrenordens bezüglichen Regesten und Urkunden, welche namentlich den Papstregesten zu gute kommen, zusammengestellt, und dann die dem 12. Jahrhundert angehörigen Johanniterurkunden derselben Provenienz folgen lassen. Diese Zeitgrenze einzuhalten bestimmte mich einmal die Erwägung der verhältnissmässig grösseren Seltenheit und demgemäss grösseren historischen Wichtigkeit der Johanniterurkunden aus dem 12. Jahrhundert, und dann die Rücksicht auf die während des Drucks dieser Sammlung erschienene verwandte

Arbeit von Delaville le Roux in der Bibliothèque des écoles d'Athènes et de Rome (Fasc. 32). Derselbe französische Forscher hat auch einige Templerurkunden aus Malta drucken lassen, die aber erst mit der leider immer allzu lange ausstehenden Ausgabe des zweiten Bandes der Archives de l'Orient latin allgemein zugänglich werden, auf die ich aber, nachdem ich durch R. Röhrichts Gefälligkeit von einem Separatabzug habe Einsicht nehmen können, wenigstens noch kurz verweisen konnte.

Von einer eingehenden Behandlung jeder einzelnen Urkunde und namentlich einer Erörterung der sich mehrfach bietenden topographischen, genealogischen und chronologischen Fragen glaubte ich an dieser Stelle Abstand nehmen zu sollen, da die Verwerthung der Urkunden zum Theil in meiner Kulturgeschichte der Kreuzzüge bereits erfolgt ist, theils an dieser Stelle manche Schwierigkeit nicht ohne eine bedeutende Steigerung des Umfangs der Publikation erledigt werden konnte.

Der Druck ist bei der Entfernung meines Wohnorts vom Druckorte nicht so ganz fehlerlos ausgefallen: doch werden Versehen wie p. 39 No. 10 Z. 2 congruente st. congruere und p. 57 No. 239 Z. 1 alieni st. alicui von dem Benützer leicht berichtigt werden. P. 122, No. 56 Z. 2 ist comitisse ausgefallen.

Königsberg, den 15. September 1883.

Hans Prutz.

Genossenschaften wie die geistlichen Ritterorden haben auf die Sammlung und Bewahrung der ihre Rechte und Freiheiten begründenden und ihren Besitzstand erweisenden Urkunden und sonstigen Schriftstücke alle Zeit grosse Sorgfalt verwendet. Frühzeitig haben sie zu diesem Zwecke wohlgeordnete und streng behütete Archive gehabt, haben sich auch die ihnen verliehenen Gunstbriefe geistlicher und weltlicher Grosser, um der Anerkennung derselben sicher zu sein, bei jeder sich irgend bietenden Gelegenheit immer von Neuem bestätigen lassen, und noch in späterer Zeit sind die des Schreibens kundigen unter ihren Mitgliedern nicht müde geworden, den ganzen Urkundenschatz oder doch die besonders wichtigen Stücke aus demselben in dickleibige Folianten zusammenzutragen.

Auch der Orden der Hospitaliter oder, wie er später gewöhnlich genannt wurde, der Johanniter hat davon keine Ausnahme gemacht. Die Urkunden, welche sich auf die rechtliche Stellung der Stiftung Raimunds de Puy bezogen, mit der ihr von diesem gegebenen und von dem Papste bestätigten Ordensregel beginnend, sowie diejenigen, welche die im Laufe der Zeit so überaus grossartig vermehrten Besitzungen des Ordens betrafen, sind erst in dem Ordenshaupthause zu Jerusalem, und nach dessen Verluste (1187) in dem ein Jahr zuvor erworbenen und nachmals prachtvoll ausgebauten und stark befestigten Margat [1]) aufbewahrt worden. Als aber in der zweiten Hälfte des 13. Jahrhunderts mit dem fortschreitenden Verfall der christlichen Herrschaft selbst ein Platz wie Margat fortwährend bedroht

---

[1]) Vgl. Prutz, die Besitzungen des Johanniterordens im hl. Lande in der Zeitschrift des deutschen Palästina-Vereins Bd. 4, S. 183 ff.

war und bei dem nächsten Angriff der Ungläubigen in deren Gewalt fallen konnte, verlegte der Orden sein Haupthaus hinter die schützenden Mauern von Accon: dorthin ist damals ohne Zweifel auch das Ordensarchiv überführt worden. Wenn wir nun hören, dass bei dem Verluste Accons (1291) auch die Originalausfertigung der Regel Raimunds de Puy und die sie bestätigende päpstliche Urkunde, welche als besonders kostbare Reliquien sicherlich auf das Sorgsamste behütet wurden, verloren gegangen oder vernichtet worden sind, so dass man dieselbe auf Grund vorhandener Copien neu ausfertigen und am 7. April 1300 durch Papst Bonifaz VIII neu bestätigen lassen musste[1]), so werden wir aus diesem Vorgange den Schluss ziehen dürfen, dass bei dieser Gelegenheit auch noch andere Stücke des Ordensarchives verloren gegangen sind und dass dasselbe in einzelnen Theilen schon ziemlich zusammengeschmolzen war, als der Orden sich auf der Insel Cypern von Neuem einzurichten begann. Nach kurzer Zeit folgte dann die Uebersiedelung nach Rhodos, wo der Orden 1307 sich niederliess und wo auch das Archiv desselben bis zur Eroberung der Insel durch die Türken (1522) geblieben ist. Seit dem Verluste Palästinas und seitdem die anfangs noch im Auge behaltene Möglichkeit zur Wiedergewinnung desselben endgültig geschwunden war, verloren natürlich auch die auf den ehemaligen palästinischen Ordensbesitz bezüglichen Urkunden ihren praktischen Werth und behielten nur noch ein mehr historisches Interesse; gewiss wird man sie in Folge dessen weniger sorgsam als bisher behütet haben, und so mag durch fortschreitende Vernachlässigung manches werthvolle Stück aus jener älteren Zeit verschleppt, vermodert oder sonst abhanden gekommen sein.

Denn eine Verwerthung dieser Archivalien im Interesse einer Geschichte des Ordens lag jener Zeit noch ziemlich fern. Allerdings ist schon um die Mitte des 15. Jahrhunderts der Versuch gemacht, eine historische Darstellung von der Entwickelung des Ordens zu geben. Es geschah das durch **Melchiore Bandino**, Kanzler des Ordens zur Zeit des Hochmeisters Giovanni di Lastico (1437—54). Doch ist davon höchstens ein Fragment auf uns gekommen. **Bosio** nämlich, der erste und bis auf den heutigen Tag verdienteste Geschichtschreiber des Ordens, will noch ein Stück des Bandino'schen Werkes gekannt haben und folgt demselben namentlich in seiner

---

[1]) Ungedruckte Urkunde im Malteser Archiv.

Darstellung von dem Falle Accons. Nach seiner Angabe hat sein Oheim Tommaso Bosio, Vicekanzler des Ordens und später Bischof von Malta, als er nach dem Falle von Rhodos im Gefolge Villiers' de L'Isle Adam nach Rom kam, eine alte Pergamenthandschrift mitgebracht, welche ein Bruchstück „des zum grossen Nachtheil für die geschichtliche Kenntniss verlorenen Werkes des Bandino" enthielt und von der Bosio versichert, dass er sie noch als ein besonders kostbares Besitzthum sorgfältig aufbewahre.[1])

Eine urkundlich begründete Geschichte des Ordens zu schreiben hat zuerst Bosio unternommen, und zwar im Auftrage des Ordens selbst. Sein Werk behauptet selbst heute noch einen hervorragenden Werth und wird für jede kritische Behandlung dieses Stoffes die einzig brauchbare Grundlage bilden. Bosio schrieb in Rom, wo er Geschäftsträger des Ordens war, und hat nicht blos die Handschriften der Vaticanischen Bibliothek, sondern auch das päpstliche Archiv, namentlich die lange Reihe der dort aufbewahrten Registerbände für seine Zwecke benutzen können.[2]) Und wenn Bosio nach einer gelegentlichen Bemerkung [3]) die Absicht hatte, alle dem Orden verliehenen Privilegien herauszugeben, so werden wir vermuthen dürfen, dass er diesem Urkundenbuche eben die in den päpstlichen Registern vorgefundenen reichen Materialien zu Grunde zu legen dachte. Doch hat er auch malteser Archivalien für die Geschichte des Ordens zur Verfügung gehabt. Er wurde nämlich von seinem Bruder Giovanotto Bosio, welcher Ritter des Johanniterordens war und die Würde eines Comthurs bekleidete, durch Mittheilungen aus dem malteser Archive unterstützt.[4]) Unter den von ihm benutzten Stücken sind einige erkennbar, die noch heute zu dem werthvollsten Besitz des ehemaligen Johanniterordensarchives gehören, z. B. das Statutenbuch des Hochmeisters Roger des Pins (1355—65), das Bosio

---

[1]) Bosio, della Storia della sacra religione di S. Giovanni Gerosol. (Ed. 1594) I, 239—40; vgl. 19.

[2]) So führt er z. B. I, 146—47 in italienischer Uebersetzung das Schreiben an, durch welches Innocenz III den König Amalrich von Cypern dem Hochmeister Gotfrid le Rat empfiehlt, mit dem Bemerken: breve il quale anche oggedi ne' registri della libraria apostolica registrata si vede (vgl. Potthast, Reg. Pontif. n. 428, Paoli, Cod. dipl. I, p. 270 (n. 3), und ähnlich I, p. 151, 155, 156, 167, 168.

[3]) I, 38.

[4]) I, 46: Certi statuti antichissimi, che mi sono stati mandati dal commendator Giovanotto Bosio, mio fratello, da Malta, insieme con molte altre memorie antichissime dell' istessa religione.

1*

jedoch in einer Handschrift vorlag, welche durch ein Verzeichniss der Hochmeister bis auf Roger des Pins und eine kurze Uebersicht der Thaten jedes einzelnen erweitert war.[1]) Seinem Bruder, dem Ordenscomthur, verdankte Bosio ferner u. A. die Mittheilung zweier Pergamenthandschriften, von denen die eine die Ordensstatuten in französischer, die andere in catalonischer Sprache enthielt[2]) und worin sich ausserdem, wie es scheint, die ältesten für das Hospital ausgestellten Schenkungsurkunden abgeschrieben fanden; wenigstens entnahm Bosio von dorther seine Kenntniss einer Landschenkung Gotfrieds von Bouillon vom Jahre 1100 zu Gunsten „des zur Ehre Gottes, seiner gebenedeiten Mutter und Johannes des Täufers gegründeten Hospitals",[3]) welche durch keine der uns heute noch vorliegenden Urkunden belegt wird. Die Angaben Bosios über die ihm mitgetheilten malteser Archivalien lassen es übrigens zweifelhaft, ob ihm die betreffenden Stücke in Abschriften oder im Original übersandt worden sind: an einzelnen Stellen wird man nach dem Wortlaute der Bosio'schen Anführung nicht umhin können anzunehmen, dass Urkunden und Handschriften aus dem Archiv des Ordens selbst entnommen und dem Geschichtschreiber nach Rom zugeschickt worden seien. Ob dann eine Rücklieferung derselben stattgefunden hat, muss dahin gestellt bleiben. Dass eine solche wenigstens in gewissen Fällen nicht erfolgt ist, wird angenommen werden müssen angesichts der Thatsache, dass einige der von Bosio benützten und nach seinen Angaben aus Malta stammenden Urkunden sich nicht nur heutigen Tages in dem dortigen Archive nicht mehr vorfinden, sondern auch schon zur Zeit Paolis, also im Anfange des 18. Jahrhunderts dort nicht mehr vorhanden gewesen sein müssen, weil dieser sich dieselben sonst sicherlich nicht hätte entgehen lassen.[4]) Jedenfalls lässt der ganze Vorgang darauf schliessen,

---

[1]) Nach I, 140 und 188 fand Bosio die von ihm gemachten Angaben über den Hochmeister Alfons von Portugal „nel libro degli statuti del maestro fra Ruggiero de' Pini, che stà nella cancelleria di questa s. Religione bollato e autentico, nel quale sono scritti i nomi dei maestri predecessori al detto fra Ruggiero con alcune brevi annotazioni dei fatti loro".

[2]) I, 8—9.

[3]) „Una casa fondata sopra monalem a Momboine nella fredda montagna".

[4]) Das gilt z. B. von der oben erwähnten Urkunde Gotfrieds von Bouillon von 1100 und der von Bosio I, 179 angeführten des Hochmeisters Guarin vom 25. Juni 1225 für Ingeborg, die Königin Wittwe von Frankreich, wonach dreizehn Ordenskleriker gehalten sein sollen, in dem Ordenspriorat zu Corbeil täglich drei

dass das Archiv des Ordens in jener Zeit wenigstens den Mitgliedern und Beamten des Ordens gegenüber nicht nur nicht unzugänglich gewesen, sondern ziemlich sorglos verwaltet worden sein muss.[1])

Insofern also hat Sebastian Paoli, der Herausgeber des Codice diplomatico del S. militare Ordine di Gerusalemme (Lucca 1733), nicht Recht, wenn er behauptet, das Ordensarchiv sei bis auf seine Zeit eifersüchtig behütet und von niemandem benützt worden. Nur eine massenhaftere Mittheilung der in demselben enthaltenen Urkunden blos zur Förderung der geschichtlichen Kenntniss, abgesehen von den Orden angehenden praktischen Interessen, hatte bisher allerdings nicht stattgefunden. In dieser Hinsicht mag daher das Lob begründet sein, welches Paoli in der Widmung seines Urkundenbuches dem Hochmeister Antonio Manoel de Vilhena (vom 19. Juni 1722 bis zum 12. December 1736) spendet, weil derselbe zuerst die Anregung gegeben zur Ausnutzung des Ordensarchives im Interesse der historischen Forschung. Nach Paoli hat nämlich Vilhena den Baillis Emanuel Pinto, des Ordens Vicekanzler, und Mario Cevoli, seinem Secretär für die italienischen Angelegenheiten, die Weisung ertheilt, die in dem Archive aufbewahrten Pergamente allgemein zugänglich zu machen. Dieser Liberalität verdankte jedenfalls Paoli die Möglichkeit zu seinen eigenen Studien, verdanken wir das aus denselben hervorgegangene Werk, welches, so viel es im Einzelnen zu wünschen übrig lassen mag, nicht blos für die Geschichte des Johanniterordens, sondern für die der Kreuzzüge überhaupt noch immer als eine der wichtigsten Quellen und in mancher Hinsicht als unentbehrlich bezeichnet werden darf. Uebrigens erklären sich

---

Seelenmessen für König Philipp II August von Frankreich zu lesen, der dem Orden 70000 Scudi vermacht hatte. (Vgl. die Bestätigung durch P. Honorius III. Potthast n. 7528.)

[1]) Dass das ein die bestehenden Bestimmungen verletzender Misbrauch gewesen, lehren die Vorschriften, welche ich in dem z. Z. in der Bibliothek zu Messina befindlichen Libro della Visita di tutti i beni e commende del Granpriorato Gerosolimitano commende e beni della S. R. O. formato nel 1749 fol. 109 ff. fand, wo genau über die von den Visitatoren vorgenommene Revision des Archivs und den unbefriedigenden Zustand desselben sowie die zur Abhülfe getroffenen Verfügungen gehandelt wird: u. A. wird da dem Archivar strengstens untersagt, ohne besondere Vollmacht der Oberen irgend Jemandem irgend etwas aus dem Archive mitzutheilen. Auch über Lage und Beschaffenheit des dem Archive anzuweisenden Raumes und dessen Ausstattung wird genau verfügt.

viele von den Mängeln des Paolischen Urkundenbuches aus der Entstehung desselben. Ursprünglich nämlich wollte Paoli nur eine kritische Untersuchung über die Chronologie der Hochmeister während der orientalischen Periode des Ordens verfassen und hatte zu diesem besonderen Zwecke in Malta selbst gesammelt und copiert. Als er dann aber seinen Plan dem gelehrten Fontanini mittheilte, rieth ihm dieser, auch die übrigen, für die chronologischen Controversen nicht in Betracht kommenden Urkunden zu veröffentlichen. Desshalb liess Paoli sich zur Ergänzung seiner Materialien noch mehr Urkundenabschriften aus Malta kommen. Ein bestimmter Plan also liegt der Auswahl nicht zu Grunde, welche Paoli aus den Schätzen des Johanniterordensarchives getroffen und zu seinem Codice diplomatico vereinigt hat; noch weniger ging er auf erschöpfende Vollständigkeit nach irgend einer Seite hin aus, denn Paoli hat gar nicht einmal alle die in seinen Besitz gekommenen Urkunden zum Abdruck gebracht. Vielmehr liess er nach seiner eigenen Erklärung einmal alle diejenigen fort, welche einfache Wiederholungen älterer Urkunden waren, — wogegen nichts einzuwenden sein dürfte, obgleich auch hier zum mindesten Regesten und in gewissen Fällen die Zeugenreihen für uns erwünscht wären; und dann diejenigen, welche blos Kauf, Tausch, Verkauf und ähnliche Geschäfte bekundeten und dieselben Zeugen enthielten wie die schon gedruckten — eine Praxis, die zu bedauern ist im Hinblick auf die Wichtigkeit, welche gerade diese Kategorie von Urkunden in neuerer Zeit für topographische und ähnliche Untersuchungen erlangt hat.

Mehr als hundert Jahre sind dann von der Veröffentlichung des Paolischen Werkes an verflossen, bis man den in Malta liegenden Schätzen wieder einige Aufmerksamkeit zuzuwenden anfing. Denn das geschah erst in Folge der Anregung, welche das Studium der Geschichte der Kreuzzüge durch die Werke von Wilken und von Michaud empfing, mit rechtem Nutzen aber doch eigentlich erst seitdem die kritische Historiographie nach dem Vorgange von Sybel's auch diesen Stoff, der ihr eine ganze Reihe der interessantesten Probleme darbietet, in den Bereich ihrer methodisch arbeitenden Thätigkeit gezogen hat. Mit besonderem Eifer haben sich demselben die Franzosen zugewandt, für welche sich allerdings an diesen Stoff ganz besondere nationale Erinnerungen knüpfen und die in demselben eigentlich eine der glänzendsten Partien ihrer eigenen mittelalterlichen Geschichte behandeln. Auch steht ihnen dafür seit

Jahrzehnten in der École des chartes ein vortreffliches Organ zur Verfügung, dem gegenüber die in neuester Zeit vorgenommene Stiftung einer besonderen Société de l'Orient latin fast überflüssig erscheinen möchte, um so mehr als die École française de Rome wie allen mittelalterlichen so auch diesen Dingen ihre Aufmerksamkeit in erfreulicher Weise zuwendet. Im Dienste dieser Bestrebungen ist denn auch das Ordensarchiv auf Malta in neuerer Zeit öfters aufgesucht worden. Einen ersten, freilich ziemlich oberflächlichen Bericht über die Ordnung und den Inhalt desselben verdanken wir de Rozière[1]); gründlichere Studien aber hat dort zuerst Mas Latrie gemacht, um Materialien für seine Geschichte der Insel Cypern unter der Herrschaft der Lusignans zu sammeln. Ihm verdanken wir eine genauere Uebersicht über die damalige Ordnung des Archivs; er hat die ihn selbst zunächst interessirenden Abtheilungen desselben flüchtig durchgesehen und den ungefähren Werth derselben gekennzeichnet, auch bereits einige besonders beachtenswerthe ungedruckte Stücke ausdrücklich hervorgehoben.[2]) Nach den Angaben Mas Latries gliederte sich das Archiv (Recordsroom — Camera dei Ricordi) damals in folgende fünfzehn Abtheilungen:

1. **Bolle**: päpstliche Bullen vom 12. bis zum 17. Jahrhundert, nach gleichnamigen Päpsten geordnet, in neun Mappen; dazu 12 Bände Copien aus verschiedenen Zeiten.
2. **Concessioni, diplomi** — Schenkungen u. s. w. fremder Fürsten an den Orden aus dem 12. und 13. Jahrhundert.
3. **Bolle dei maestri** — Originalbullen der Hochmeister aus dem 12. bis 16. Jahrhundert.
4. **Constituzioni** — Ordensregeln, Statuten und Verfügungen über Verwaltungsmassregeln u. a. m., sehr bunten Inhalts, u. A. auch über Reisen und Gefangenschaft von Ordensrittern u. s. w., darunter einige Kaiser- und Königsurkunden aus dem 12. Jahrhundert.
5. **Capitoli** — Protokolle der Generalkapitel des Ordens vom 14. bis zum 18. Jahrhundert.
6. **Libri bullarum** — d. h. Register der Ordenskanzlei, enthaltend die aus derselben ergangenen hochmeisterlichen Schreiben, Erlasse u. s. w., vom 14. bis 18. Jahrhundert.

---

[1]) Bibliothèque de l'École des chartes. 2⁰ Série II, 567.
[2]) Archives des missions scientifiques VI (1857), S. 1 ff.

7. **Lingue**, die einzelnen Ordenszungen betreffende Papiere.
8. **Università**, d. h. Aktenstücke, betreffend den grossen Malteser Volksrath, das ehemalige Organ der Selbstverwaltung, welches von dem Orden trotz seines feierlichen Versprechens, die alten Rechte und Freiheiten der Malteser, die zum Theil in der normannischen Zeit entstanden, von den aragonischen Königen wiederholt bestätigt und auch noch unter Karl V in voller Wirksamkeit gewesen waren, zu respectiren, bald gründlichst umgestaltet wurde, vom 14. bis 18. Jahrhundert.
9. **Consiglio**, Akten des Ordensrathes vom 15. bis 18. Jahrhundert.
10. **Lettere dei Granmaestri** aus dem 16. bis 18. Jahrhundert.
11. **Lettere dei Granmaestri** aus derselben Zeit.
12. **Ambasciatori**, Depeschen und Berichte der Gesandten des Ordens an fremden Höfen, namentlich bei der päpstlichen Kurie von 1596 bis 1790.
13. **Spropriamenti**, Testamente von Ordensrittern u. dergl.
14. **Ricevutori**, Rechnungen der Einnehmer der dem Orden zufallenden Gefälle, Renten u. s. w.
15. **Proprietà** — documenti diversi.

So dankenswerth die Angaben Mas Latrie's sein mochten, zu einer rechten Charakteristik des Archives reichten sie nicht aus und konnten auch dem Specialforscher einen recht brauchbaren Fingerzeig über das, was er dort zu finden hoffen durfte, nicht geben. Nimmt man hinzu, dass Mas Latrie für seine Geschichte Cyperns dort nur wenige Stücke gewonnen hat, so wird es begreiflich, wenn man den Werth des malteser Archives in den fachmännischen Kreisen im Allgemeinen nicht hoch schätzte und demselben nur für die Geschichte des Johanniterordens selbst eine grössere Bedeutung beimessen wollte. In ein anderes und zwar wesentlich günstigeres Licht wurde dasselbe erst gerückt, als Karl Hopf auf der grossen Reise, welche er mit Unterstützung der Berliner Akademie der Wissenschaften zu archivalischen Studien für seine Geschichte Griechenlands im Mittelalter unternahm, die Insel besuchte und während eines längeren Aufenthaltes daselbst das Archiv einer gründlichen Durchsicht unterwarf. Aus seinem Berichte[1]) zuerst

---

[1]) Monatsberichte der Berliner Akademie 1864, p. 204 ff.

konnte man eine rechte Einsicht in die eigenartige Bedeutung dieser merkwürdigen Sammlung gewinnen: namentlich hat Hopf auf den reichen Gewinn hingewiesen, welcher aus einigen Theilen derselben für eine kritische Geschichte des Tempelherrnordens gemacht werden könnte.

Wie das aber solchen Berichten leider nur allzu leicht ergeht, so ist auch der von Hopf über das malteser Archiv erstattete wenig oder gar nicht bekannt geworden oder schnell wieder in Vergessenheit gerathen. Von der nicht ganz kleinen Anzahl von Forschern, welche sich zur Zeit sowohl in Deutschland wie in Frankreich mit der Geschichte der Kreuzzüge und den angrenzenden Gebieten beschäftigen, scheint keiner von ihm Kenntniss erlangt, jedenfalls keiner ihm so viel Bedeutung beigemessen zu haben, dass er es unternommen hätte, den darin gegebenen Fingerzeigen nachzugehen und die Hebung des danach in Malta zu vermuthenden Schatzes zu unternehmen.

Im Verlaufe der auch mich seit einer Reihe von Jahren vorzugsweise beschäftigenden Studien über die Kreuzzüge, insbesondere in kulturgeschichtlicher Hinsicht, stiess ich nun immer wieder auf Spuren, welche in Malta besonders werthvolle Materialien vermuthen liessen; namentlich wurde es mir allmählich zur Gewissheit, dass Reste des vielgesuchten Tempelherrnordensarchives, wenn es deren überhaupt noch in nennenswerthem Umfange gab, unter den Urkunden des Johanniterordens in Malta versteckt liegen müssten, schon deswegen, weil ja nach der Auflösung des Tempelherrnordens die gesammten Rechte, Freiheiten, Güter und Renten desselben durch Papst Clemens V den Johannitern überwiesen worden sind. Allerdings sind dieselben thatsächlich nur zu einem kleinen Theile in den Besitz dieser reichen Erbschaft gelangt, da ja z. B. die Tempelherrngüter in Frankreich fast ganz von der Regierung occupirt wurden; und ähnliches geschah in England und in anderen Staaten. Immerhin aber durfte man doch annehmen, dass von den Urkunden, welche die Güter und Rechte des Tempelherrnordens betrafen und demgemäss den Johannitern als den vom Papste eingesetzten Erben desselben ausgeliefert werden mussten, ein gewisser Stamm auch wirklich an denselben gelangt ist. Ausgeschlossen ist natürlich auch hier nicht, dass einmal manches Stück bei dem Hereinbrechen der Katastrophe über den Tempelherrnorden abhanden gekommen oder absichtlich auf die Seite gebracht worden ist, dann aber manches andere, was wirklich an die Johanniter ausgeliefert war, bei dem Transport nach Rhodos und später während des zwischen dem Verluste dieser Insel und der Einrichtung in Malta liegenden Interimisticums in Viterbo[1]) verloren gegangen oder ruinirt worden ist. Entscheidend wurde für mich namentlich der Bericht von Hopf, in welchem in dieser Hinsicht geradezu gesagt wird: diese Urkunden „sind höchst wichtig für eine kritische Geschichte des Tempelherrnordens: die meisten Documente des letztern sind den Johannitern übergeben worden, und so findet sich für dieselben das reichste, so viel ich weiss, bis heute unbekannte oder unbenutzte Material" — eine Aeusserung, welche, wie sich nachher herausstellte, den Werth der von de Rozière und Mas Latrie übersehenen Bestandtheile des Archivs in begreiflicher Entdeckerfreude freilich beträchtlich überschätzt und grössere Erwartungen erregt, als dieselben nachher zu erfüllen im Stande sind.

Das Wohlwollen und die Liberalität des königlich preussischen Ministeriums für Kultus-, Unterrichts- und Medicinalangelegenheiten, dem auch an dieser Stelle dafür der schuldige Dank auszusprechen erlaubt sein möge, haben mir die Mittel gewährt, die Reise nach Malta zu machen und während eines mehrwöchentlichen Aufenthaltes in Lavaletta auf Grund einer allgemeinen orientirenden Durchsicht der sämmtlichen Abtheilungen des dortigen Archivs den ganzen älteren Bestand desselben genau zu durchforschen und die dem eigentlichen Kreuzzugszeitalter, d. h. der Periode bis zum Verluste Accons (1291) und der Auflösung des Tempelherrnordens (1307) angehörigen Stücke, welche sich als unbekannt oder nicht genügend bekannt ergaben, fast sämmtlich zu copiren oder doch zu excerpiren. Indem ich mich anschicke, den reichen Ertrag dieser Arbeit, der insbesondere auch der Sammlung der Papsturkunden und -Regesten zu gute kommt, den Fachgenossen vorzulegen, halte ich es für angemessen, zunächst über das malteser Archiv, von welchem man nach den Mittheilungen de Rozière's und Mas Latrie's nur eine sehr unklare Vorstellung gewinnt und welches auch die treffenderen Angaben Hopfs nicht ganz richtig gekennzeichnet haben, einen genauen Bericht zu geben und im Anschluss an die in demselben durchgeführte neue Ordnung die einzelnen Abtheilungen desselben zu charakterisiren, wobei ich selbstverständlich auf die von mir

---

[1]) Paoli, prefazione I.

erschöpfend behandelte ältere Zeit besondere Rücksicht nehme, um weiterhin dann über die von mir dort und in der öffentlichen Bibliothek zu Lavaletta aufgefundenen Reste des ehemaligen Tempelherrnordensarchives im Einzelnen eingehende Mittheilungen zu machen.

I.
Das Archiv des Johanniterordens in Lavaletta.

Was von dem ursprünglichen Bestande des Johanniterordensarchives den mehrfachen Umzug, erst von Accon nach Cypern, dann von dort nach Rhodos und weiter nach Viterbo und Malta glücklich überdauert hatte, wird zunächst vermuthlich in dem Castell S. Angelo aufbewahrt worden sein. Denn in diesem, dem ältesten und ehemals wichtigsten festen Platz in dem von dem später (1566—70) entstandenen Lavaletta beherrschten System von Buchten und Häfen, schlug der Orden nach seiner Ankunft auf der Insel zuerst seinen Sitz auf. Später entstand (1572) der prachtvolle Bau des heute von dem englischen Gouverneur bewohnten hochmeisterlichen Palastes: in ihm hatte auch die Ordenskanzlei ihren Sitz und in Verbindung mit ihr natürlich auch das Ordensarchiv. Dasselbe ist, soweit wir nachkommen können, von der Katastrophe, welche 1798 den Orden traf, und den daraus entspringenden Aenderungen in den gesammten Verhältnissen der Insel selbst nicht weiter berührt worden. Weder die kurze und von Anfang sehr unsichere französische, noch die dann folgende und bis heute bestehende englische Herrschaft hat den Bestand des Archivs in Frage gestellt oder vermindert: es findet sich keine Spur, welche auf die Wegführung des einen oder des andern besonders merkwürdigen Stückes nach Paris oder nach London schliessen liesse. Wohl aber scheint das Archiv schon in der letzten Zeit der Ordensherrschaft arg vernachlässigt gewesen zu sein und hat damals namentlich durch einen in seinen Räumen stattgehabten Brand gelitten, von dem wir aber bei dem Mangel jeglicher Notiz zur Geschichte des Archivs weder die Zeit, wann er stattgefunden, noch den Umfang des angerichteten Schadens anzugeben vermögen. Denn unsere Kenntniss der Thatsache verdanken wir allein einer gelegentlichen Erwähnung bei Villeneuve-Bargemont.[1]) Ueber den Ursprung der von ihm veröffentlichten

---

[1]) Monumenti dei granmaestri dell' Ordine di S. Giovanni. Malta 1846.

Sammlung von Denkmälern der Hochmeister des Johanniterordens bemerkt derselbe nämlich, eine die Bilder derselben enthaltende Handschrift sei in dem malteser Archive vorhanden gewesen und von dem Grafen de Bloise, Comthur von Hannonville, aus Liebhaberei copirt worden, — zum Glück, denn der das Original enthaltende Theil des Archivs sei inzwischen durch eine Feuersbrunst zerstört worden, so dass die Publication jener interessanten Bildwerke nur nach der Bloise'schen Copie noch möglich gewesen sei.[1]) Wann diese theilweise Zerstörung des Ordensarchives erfolgt ist, muss dahingestellt bleiben; es lässt sich nicht einmal sagen, ob sie vor oder nach 1798 zu setzen ist.[2]) Unter den zahlreichen Fascikeln des malteser Archivs, welche durch meine Hände gegangen sind, befand sich keines, welches die Spuren durchgemachter Brandgefahr irgendwie äusserlich an sich getragen hätte; man möchte demnach annehmen, dass durch die erwähnte Feuersbrunst vielleicht ein für sich abgeschlossener Raum betroffen und die darin befindlichen Archivalien völlig vernichtet wurden, während die in anderen Räumen aufbewahrten ganz unbeschädigt blieben.

Ein Archiv in dem Sinne, den wir mit dieser Benennung zu verbinden pflegen, kann man übrigens das ehemalige Johanniterordensarchiv streng genommen gar nicht nennen. Denn dasselbe bildet kein staatliches wissenschaftliches Institut, sondern ist eigentlch nur die älteste, die völlig reponirten Akten enthaltende Abtheilung der durchaus auf die Erledigung laufender Geschäfte angewiesenen „Registratur and archives" des englischen Gouvernements. Der diesen vorgesetzte Notar, z. Z. Herr A. C. Briffa, L. L. D., hat mit den ihm zugewiesenen Beamten und Schreibern die Grundbücher, die Civilstandsregister und dergleichen zu führen, Testamente in Depot zu nehmen und die meisten Akte der freiwilligen Gerichtsbarkeit zu vollziehen: in seinem Geschäftszimmer, im Erdgeschoss des Gouvernementspalastes, ist daher ein fortwährendes Kommen und Gehen, Fragen, Auskunftertheilen, Verhandeln, ein Durcheinander von Maltesisch, Englisch und Italienisch, in Folge dessen natürlich auch nur wenig Behaglichkeit für denjenigen, der wissenschaftlichen Studien obliegen will. Anders als es sonst in Archiven

---

[1]) S. 14. — quando quella parte dell' archivio dove eran richiuse, peri d'un incendio.

[2]) Denn der Graf von Bloise, der noch als Bevollmächtigter des Ordens auf dem Kongresse zu Verona erschien, starb, 84 Jahre alt, erst 1824 zu Nancy

zu sein pflegt, dreht sich hier eben alles um die mannigfach bewegte und sehr krause Verhältnisse aufweisende Gegenwart: für die Ordenszeit ist wenig oder gar kein Interesse vorhanden. Das im Ganzen aus 7433 Nummern bestehende ehemalige Ordensarchiv ist theils in dem Geschäftszimmer des Notars, theils in den hinteren Nebenräumen desselben in einer Reihe von Schränken und auf etlichen Repositorien ohne Anwendung einer besonderen archivalischen Technik untergebracht und wird sicherlich im gewöhnlichen Laufe der Dinge nicht so leicht in seiner staubbedeckten Ruhe gestört. Unter solchen Umständen kann man denn auch bei den Beamten, von denen keiner zum Archivar geschult ist, weder ein besonderes Interesse, noch ein besonderes Verständniss für die ihrer Obhut anvertrauten Denkmäler aus der Ordenszeit voraussetzen, und auch bei Herrn Notar Briffa, dessen freundlicher Bereitwilligkeit als einer wesentlichen Förderung meiner Studien ich auch an dieser Stelle dankbar gedenken muss, war eine Kenntniss des Ordensarchives über die Angaben des Repertoriums hinaus nicht zu finden. Um so erwünschter war es, dass dieses Repertorio degli atti, registri, documenti ed altro già attinenti all' ordine Gerosolimitano ed alle università delle città Notabile e Valletta constituenti oggi l'Archivio del Governo in custodia presso il Notaro dello stesso, im Jahre 1875 neu redigirt, sich im Ganzen als zuverlässig erwies und trotz seiner oft recht allgemeinen und daher unbestimmten Angaben als Leitfaden zu eindringender Durchforschung der wichtigsten Theile mit Nutzen gebraucht werden konnte. Dieses Repertorium lege ich auch dem nachfolgenden Berichte zu Grunde, indem ich zugleich die in demselben gebrauchten italienischen Rubriken im Interesse ganz sicheren Citirens beibehalte.

Das ehemalige Ordensarchiv zerfällt danach in zwei sehr ungleiche Theile: Der erste (No. 1 bis 6773) enthält das eigentliche Archiv des Johanniterordens im engeren Sinne, der zweite (660 Nummern stark) die auf die Körperschaften, namentlich den Volksrath (università) der alten Hauptstadt La Notabile und dann auf die La Valettes bezüglichen Aktenstücke. Von allgemeinem Interesse ist nur der erste Theil. Er zerfällt in 17 Abtheilungen (classificazioni) entsprechend den einzelnen Zweigen und Organen der Ordensverwaltung. Jeder Abtheilung ist in dem Repertorium eine knappe Einleitung vorangeschickt, welche über das Wesen des betreffenden Instituts Auskunft gibt und die dadurch bedingte Bedeutung der weiterhin verzeichneten Archivalien skizzirt.[1]) Im Einzelnen vertheilt sich der vorhandene Stoff dann weiter folgendermassen.

Classificazione I. Volumi contenenti scritture originali di data molto antica. Von den Aktenstücken, die chronologisch, ohne Rücksicht auf den Stoff geordnet sind, betreffen die älteren die Geschichte des Ordens im Heiligen Lande.

No. 1 bis 5 Donationes, emptiones aliaeque bonorum acquisitiones in regno Hierusalem favore Hospitalis S. Johannis. No. 1 enthält Urkunden aus den Jahren 1107—49, darunter (No. 5) eine Originalurkunde Balduins I vom Jahr 1110 mit des Königs eigenhändiger Unterschrift (= Paoli I n. 2), sowie zwei von 1177 (Balduinus Ramatensis dominus über das Constantie sorori regis Francie comitisse Sci Egidii verkaufte Gut Bethduras und die Bestätigung dafür durch König Balduin V mit Wilermus Tyri archiepiscopus an der Spitze der Zeugen) und ein Vidimus der Urkunde bei Paoli I n. 82 mit den Siegeln der Erzbischöfe von Nicosia und Caesarea von 1199 — im Ganzen 10 bisher ungedruckte Urkunden, — No. 2 enthält solche aus den Jahren 1150—69, darunter 19 bei Paoli fehlende, unter ihnen mehrere Originalurkunden des Patriarchen Amalrich von Jerusalem (1158—80) und eine des Priors der Heiligengrabeskirche, Peter, welche von einem nachher gescheiterten Versuche zur Gründung eines neuen geistlichen Ritterordens auf Grund der Cistercienser-Regel Kunde gibt. No. 3 umfasst die Jahre 1170—1179 und aus ihnen 20 bei Paoli fehlende Urkunden, darunter Originale des Hochmeisters Roger von Moulins und der Gräfin Sibylla von Jaffa und Ascalon, nachmaligen Gattin Guido's von Lusignan. No. 4 enthält Urkunden aus den Jahren 1180—1198, davon 11 ungedruckt, u. a. Originale von Urkunden König Balduins V von 1180 (2) und 1181 dat. per manum Willelmi Tyrensis archiepiscopi. No. 5 (nach der ursprünglichen Zählung dieser Bände 6 — der Band dazwischen ist verloren und es fehlen in Folge dessen die Urkunden aus den Jahren 1199—1230) enthält Urkunden aus den Jahren 1231—59, wovon 16 bei Paoli

---

[1]) „Ciascuna parte è disposta in tante classificazioni quante sono le classi, che la compongono, e ciascuna classificazione è preceduta da una breve notizia della natura dei volumi che la compongono, con dei correspondenti cenni storici atti a far meglio comprendere le materie contenute nei registri, — il loro interesse e le loro reciproca comessione."

fehlen. — Andererseits aber enthält fast keiner dieser Bände so viel
Urkunden, wie er nach der durchlaufenden Zählung eigentlich enthalten sollte: so fehlen z. B. in No. 2 die Nummern 28, 46, 47 u.
51, in No. 3 1, 4, 5, 6, 7, 40, 45, 46 u. 57; dass diese Stücke und
wohl auch andere erst nach Paolis Zeit abhanden gekommen, beweist, dass von den obengenannten Nummern 6 u. 46 noch bei
Paoli (I p. 242 und ib. p. 64) gedruckt sind.

No. 6—14 enthalten die Sammlung der päpstlichen
Originalbullen: mit Ausnahme der ersten (No. 6), welche ehemals
die jetzt in der Armeria des Gouverneurpalastes in einem Glaskasten
aufbewahrte Bestätigungsbulle Paschalis II vom 15. Februar 1113
enthielt, jetzt aber nur noch die bekannte Bulle Calixtus II vom
19. Juni 1119, dann einen Erlass Johann XXI gegen die Occupatoren
der Tempelherrngüter in England vom 17. März 1317 und ein 1255
ausgestelltes Vidimus einer interessanten Urkunde Paschalis II vom
29. Juli 1108 betreffend die Errichtung eines Erzbisthums auf dem
Berge Tabor, sind hier die Bullen nach den Namen der Päpste
geordnet. So enthält No. 7 die Bullen der Päpste Urban III bis
Urban VIII, No. 8 die Eugen III und IV, No. 9 Honorius III
und IV, No. 10 Clemens III bis VII, No. 11 Clemens VII bis XIII,
No. 12 Gregor IX bis XV, No. 13 Johann XXI bis XXIII und
No. 14 endlich die Bullen Nicolaus III, IV und V. Aus diesen
Fascikeln ergeben sich an ungedruckten Bullen 3 Clemens III,
4 Clemens IV, je 2 Honorius III und Gregor X, sowie je eine Urban III
und Nicolaus IV. Interessante Stücke enthält ferner No. 10, nämlich
erstens eine Serie von Schreiben Clemens V aus den Jahren 1307
und 1308 über den damals von dem Johanniterorden geplanten
und von dem Papste aufs dringendste empfohlenen Kreuzzug und
dann eine Serie von 30 Schreiben betreffend die Ueberweisung der
Güter des Tempelherrnordens an die Johanniter, beginnend mit dem
Original der betreffenden Bulle, welcher dann Copien der Schreiben
folgen, welche in dieser Sache von der Kurie an die Könige,
Fürsten, weltliche und geistliche Grosse Navarras, Frankreichs,
Deutschlands, Dänemarks, Norwegens, Schwedens, Böhmens,
Oesterreichs, Ungarns, Cyperns, Achaias und Siciliens gerichtet
wurden.

No. 15, Privilegiorum Sacrae domus Hospitalis Hierusalem a
diversis summis pontificibus concessorum transsumptum ist sehr
beschädigt und fast durchweg unleserlich.

No. 16 enthält 74 Originalbullen der Hochmeister des 13. bis 15. Jahrhunderts, bis auf Aubusson (1476—1503). Das älteste Stück ist eine Copie (Ex msco cod. Bibliothecae Anicianae Romani Collegii Gregoriani domus S. Benedicti de propaganda fide apud eiusdem collegii abbatem praesidentem D. Constantinum Caietanum) eines Erlasses Raimunds von Puy, des ersten Ordensmeisters, betreffend die Beilegung von Differenzen, die zwischen dem Orden und der Heiligengrabeskirche in Folge einiger Erwerbungen des ersteren ausgebrochen waren; es folgt der Bericht des Ordensconvents an den Papst über die durch den Verzicht des Hochmeisters Gilbert von Assalit und dessen nachträgliche Zurücknahme veranlassten Schwierigkeiten vom Jahre 1169, weiter etliche ungedruckte Bullen der Hochmeister Guarin (1235), Wilhelm von Chateauneuf (1254), Hugo Revel u. a., endlich die sehr umständliche uneingeschränkte Vollmacht, welche das Generalcapitel 1314 den Rittern Leonardo und Francesco de Tibertis zur Uebernahme der dem Orden zugesprochenen Güter der Tempelherren ertheilte.

In No. 17, welche meist Geleitsbriefe Karls V für Ordensbeamte enthält, hat sich auch das Original einer Urkunde des Herzogs Wilhelm von Böhmen vom Jahre 1183 verirrt, über eine von demselben unter Zustimmung seines Bruders Brezislaus, Bischofs von Prag, dem Johanniterorden gemachte Landschenkung und die Bestätigung demselben früher von Anderen gemachter Schenkungen.

Unter No. 18 bis 35 folgen dann 18 Fascikeln Bullae originales quae in libris bullarum non sunt registratae, die ältesten aus dem 13. Jahrhundert, die letzte von 1555; No. 36 eine grosse Pergamenturkunde Heinrichs VIII von England, worin er seine Erklärung zum Oberhaupte der englischen Kirche meldet und das Protektorat über den Orden in England übernimmt. Von Interesse ist dann erst wieder No. 46 Miscellanea di documenti antichi: unter denselben ist das Original der Schenkungsurkunde des Königs Andreas von Ungarn von 1217 (Paoli I, n. 104), 3 Breven Alexander III, eines Eugen III an Pontius, den Abt des Klosters auf dem Berge Tabor, vom 4. Mai 1146, welches auf die oben erwähnte Urkunde Paschalis II von 1103 Bezug nimmt, dieselbe bestätigend und ergänzend. Unter den in No. 47 (Fondazioni della lingua di Provenza, Alvernia e Francia) vereinigten Stücken aus sehr verschiedenen Zeiten sind hervorzuheben eine Bulle Honorius III vom 7. Dezember 1217, worin ein Verkauf an den Johanniterorden bestätigt wird, welchen unter Zustimmung des Abtes und Convents von Cluny der Prior Gotfried von Clafont 1209 vollzogen hat („pro sex milibus marcarum Parisiensium, aliter enim non poteramus liberare ecclesiam nostram ab usuris, quibus tenebamur adversus Iudeos"), und dann die Originalurkunde über die Schenkung des Castells Deschalley an den Orden durch Beatrix, die Wittwe Raimund Berengars, des Grafen von Provence, von 1266. In No. 63 (Miscellanea Hierosolymitana) findet sich das Privileg Kaiser Friedrich II für den Orden vom Januar 1221 Capua.

Eines der werthvollsten Stücke ist die den Schluss der ersten Abtheilung bildende No. 69, ein sehr sauber und zierlich geschriebener Codex von 1357 enthaltend Gli statuti e le consuetudine dell' Ordine, beginnend mit der eingangs erwähnten Bestätigung der im Original mit Accon verloren gegangenen Regel Raimunds, welcher dann die von den Hochmeistern und Generalcapiteln beschlossenen Ergänzungen und Aenderungen mit durchlaufender Zählung der einzelnen Paragraphen folgen. Die Sammlung ist auf Befehl Rogers des Pins (1355—65) angefertigt, um die Geltung der Regel zu befestigen, deren Deutung Zweifeln und Einwürfen ausgesetzt war; des sicherern und allgemeinern Verständnisses wegen wurde dabei statt der sonst üblichen französischen Sprache die lateinische gewählt.[1]

Mit Ausnahme einiger Stücke, von denen weiterhin noch besonders die Rede sein wird, entbehren die folgenden Abtheilungen des malteser Archivs des allgemeinen Interesses, welches dem eben besprochenen älteren Theile innewohnt. Ich begnüge mich daher mit einer kurzen Uebersicht des Inhalts im Anschluss an das Repertorium.

Classificazione II. Registro del Consiglio dell' Ordine gerosolimitano — d. i. Protokolle u. s. w. des dem Hochmeister beigeordneten Ordensrathes, der

---

[1] Es heisst im Eingange u. a.: Nos itaque volentes tales incredulos de statutis eisdem reddere certiores regulam, statuta et consuetudines nostras et nostrae religionis de galica lingua, in qua comuniter sunt redacta et continuo rediguntur, resecatis aliquibus ex eis, que vobis non necessaria nec utilia videbamus, invicem deliberato consilio de nostra certa scientia transferri jussimus in latinum — — Den dem Kreuzzugszeitalter angehörigen Theil dieser Sammlung habe ich unter den Beilagen zu meiner „Kulturgeschichte der Kreuzzüge" (Berlin 1883) S. 601 ff. veröffentlicht.

Centralstelle für die gesammte Verwaltung, Politik u. s. w., wovon

No. 71—165 die Jahre 1459 bis 1797 umfassen.
No. 166—193 Duplicato del Registro betr. die Jahre 1520—1777.
No. 194 ff. Inventario dei Consigli, 1789—98.
No. 218—224 Repertorio dei decreti — enthält ein alphabetisch geordnetes Repertorium der Rathsdecrete, ergänzt und erläutert durch beigefügte Dekrete des Staatsraths.

Diese letzteren, Registri del Consiglio di Stato, folgen dann als Classificazione III in No. 251—275, von 1623 an bis 1798. Classific. IV enthält die Register der Generalcapitel von 1330 bis 1776 in No. 276 bis 304, woran sich unter No. 305—10 die Recordi, d. h. die den Generalcapiteln vorgelegten Bittschriften u. s. w anschliessen.

Von hervorragendem Werthe sowohl für die innere als auch die äussere Geschichte des Ordens ist dann Classificazione V, Registro delle bolle di Cancelleria, welche unter No. 311—592 die lange Reihe der Registerbände der Hochmeisterkanzlei enthält, von 1346 bis 1790. Dieselben sind auf Papier geschrieben, ohne Inhaltsverzeichnisse, doch von Anfang an nach stofflichen Gesichtspunkten angelegt, so dass immer die auf eine Ordensprovinz bezüglichen Stücke zusammengeschrieben sind, und daher im Allgemeinen ganz übersichtlich und bequem zu bearbeiten. In ihnen liegt noch, wie schon Hopf bemerkte, eine Fülle von wichtigen Dokumenten aller Art begraben, und für alle die Länder, in denen der Orden heimisch und begütert war, wird aus ihnen noch reicher Gewinn zu ziehen sein. Als Ergänzung kommen hinzu: No. 593—621 das Minutario delle bolle di cancellaria und 622—29 Indice, Repertorien u. s. w. und ein im 18. Jahrhundert angelegtes Formelbuch mit Musterstücken für die verschiedenen von der Kanzlei auszufertigenden Schreiben.

Die Classificazione VI enthält in etwa 500 Bänden (No. 630 bis 1117) die auf die Ordensfinanzen und deren Verwaltung bezüglichen Akten, welche leider erst mit dem 17. Jahrhundert beginnen und für die interessantere und wichtigere ältere Zeit verloren sind.

In der Classificazione VII (Bolle ponteficie) sind die zu verschiedenen Zeiten angefertigten und immer von Neuem abgeschriebenen Sammlungen der für den Orden erlassenen päpstlichen Bullen in ca. 50 Bänden (No. 1118—1169) zusammengestellt. Das wichtigste von diesen Bullarien ist No. 1121, das im Repertorium als Bullarium rubrum bezeichnet ist: von ihm und den in ihm enthaltenen Resten des Tempelherrnordensarchivs ist im folgenden Abschnitt noch besonders zu sprechen. Die Classificazione VIII (No. 1170—87) enthält dem Hochmeister präsentirte Bittschriften nebst den Antworten darauf aus den Jahren 1608—1798, Classificazione IX (No. 1188—1644) die Correspondenz, und zwar zunächst (No. 1188—1231) die mit den auswärtigen Höfen, besonders denen von Rom und Neapel, dabei die Originalschreiben der betreffenden Monarchen von 1626 bis 1779, weiterhin dann (No. 1237—1357) die Briefe der Gesandten des Ordens in Rom an die Hochmeister aus den Jahren 1596 bis 1790. — Classificazione X (Constituzioni No. 1645—1706) bezieht sich auf Statuten, Ordinationen und Gewohnheiten des Ordens: Statuten sind auf die Dauer gültige Bestimmungen, von den Hochmeistern erlassen, Ordinationen Verfügungen eines Generalcapitels und nur bis zum Zusammentritt des nächsten giltig, Gewohnheiten die von den Statuten nicht ausdrücklich geregelte Punkte bestimmenden Bräuche. Hier enthält No. 1645 eine Abschrift der Statuten von 1181—1357, welcher eine kurze Geschichte des Ordens bis 1466 folgt. In diesen Abtheilungen findet sich ferner eine grosse Anzahl von Schlüsseln, Commentaren und dgl. zu den Ordensstatuten, Pratica di Convento, Summa jurium u. a. m.

Von den folgenden Classificazioni bezieht sich XI (Spedale) auf das Hospital des Ordens und enthält auch die Testamente der dort Verstorbenen, XII (Marina No. 1753—1927) auf die Flotte, enthaltend Instruktionen für die Admirale und Capitaine, Segelanweisungen, Rechnungen, Berichte u. a. m. aus den Jahren 1694 bis 1796, XIII Rechnungen, Inventare, Personenverzeichnisse der vom Orden abhängigen Klöster und Kirchen von 1601 bis 1779; in einem Anhange dazu sind die Libri della Stamperia, d. h. die Bücher über die Ordensdruckerei vereinigt. Daraus ergibt sich dass erst 1642 Pompeo di Fiore das Privileg zur Anlage einer Druckerei auf Malta erhielt, dasselbe aber in Folge des Widerspruchs, den der in Malta sitzende päpstliche Inquisitor in Betreff der Censur und der Ertheilung des Imprimatur erhob, sofort wieder suspendirt wurde und daher thatsächlich gar nicht zur Geltung kam. Erst 1747 kam es mit Benedikt XIV zu einem Vergleich in dieser Sache, wonach die Ertheilung des Imprimatur für in Malta zu druckende

Bücher von dem Bischof von Malta (den aus drei vom Orden präsentirten Candidaten der König von Neapel ernannte), dem päpstlichen Inquisitor und. vier Beauftragten des Ordens gemeinsam vorgenommen werden sollte: so begann Malta erst Mitte des 18. Jahrhunderts an den Segnungen der Buchdruckerkunst theilzunehmen.

Classificazione XV (No. 2078—2188) betrifft die Ordenszungen (Provence, Auvergne, Frankreich, Italien, Aragon, England, Deutschland, Castilien), ihre Besitzungen, Einkünfte u. s. w. Auch hier ist leider aus der älteren Zeit so gut wie nichts erhalten, die Akten beginnen im Allgemeinen erst mit dem 16. und 17. Jahrhundert. Dass jene älteren Documente frühzeitig verloren gegangen sind, lehrt ein 1727 aufgenommenes Inventar des Archivs der auvergnischen Zunge (No. 2095), in dem bereits von älteren Urkunden nichts mehr verzeichnet ist. Das älteste Stück dieser ganzen Abtheilung, der **1338 entstandene Liber in quo per minutum exprimuntur reditus prioratus Hospitalis S. Johannis Hierosolymitani in Anglia et omnium ipsius commendarum** (No. 2183), ist bereits im Auftrage der Camden Society publicirt.[1]) No. 2232 enthält die Akten über einen im 18. Jahrhundert mit grossem Eifer geführten Rangstreit zwischen gewissen Ordensbeamten, wobei es sich namentlich um die Stellung des Turcopoliers handelt: darin wird u. A. Bezug genommen auf „un célèbre concordat du 30 november 1240 entre frère Pierre de Sartines turcopolier et l'archevêque de Nazareth", wovon mir sonst eine Spur nicht vorgekommen.

Die Classificazione XV (No. 2233—5517) enthält die **Akten über die Ahnenproben** der neu aufzunehmenden Ritter (Tribunali di nobilità e processi delle prove di nobilità dei religiosi Gerosolimitani), in im Ganzen 9 Sektionen die nach den Namen alphabetisch geordneten Adelsproben der französischen, italienischen, spanischen und deutschen Ritter und Caplane; zum Theil aus dem 17., meist aber aus dem 18. Jahrhundert. Weitaus am reichsten ist hier der italienische Adel (No. 4171—5291) vertreten, sehr

---

[1]) The Knights Hospitalers in England being the report of Prior Philipp de Tharne to the grandmaster Elyan de Villanove (mit Einleitung von Kemble).

dürftig dagegen der deutsche (No. 5457—71) und zwar meist durch österreichische Familien wie die Schaffgotsch, Questenberg, Khevenhiller u. a. — Die Classificazione XVI enthält die meist übermässig ausführlichen Protokolle der Generalvisitationen der Ordenscommenden, die dabei vorgefundenen wirthschaftlichen Verhältnisse und die den Visitatoren vorgelegten Inventarien, alles nach den zwanzig Ordensprioraten getheilt. Auch hier fehlen die älteren Zeiten gänzlich, für die man gerade hier besondern Gewinn hätte erwarten mögen; die vorhandenen Papiere gehören im Allgemeinen dem 18. Jahrhundert an. Auf die Revision der deutschen Ordenscommenden beziehen sich No. 6593—6624. — In der Classificazione XVII endlich sind Stücke verschiedener Art als Miscellanea zusammengeworfen, von denen keines ein besonderes Interesse erregen kann. Als für den Orden und sein Regiment in kulturgeschichtlicher Beziehung interessant möge nur No. 6754 hervorgehoben werden, die Lista dei schiavi messi in libertà 1798.[1])

II.
Reste des Tempelherrnordens-Archives.

Die reichen Güter, welche der Tempelherrnorden dereinst im Heiligen Lande und den angrenzenden Gebieten bis nach Armenien hinauf besessen hatte, waren mit der zunehmenden Ausbreitung des mohammedanischen Herrschaftsgebiets unaufhaltsam zusammengeschwunden: mit Accon ging der letzte dürftige Rest davon verloren. Zur Wiedergewinnung war bald nicht mehr die geringste Aussicht: diese ganze Seite des ehemaligen templerischen Besitzstandes kam in Folge dessen gar nicht mehr in Frage, als nach der Auflösung des Ordens die Johanniter die Erbschaft desselben antraten. Daraus erklärt es sich auch, dass darauf bezügliche Urkunden, da sie keinen Werth mehr hatten, kein Gegenstand besonderer Sorgfalt waren und nur hie und da einem glücklichen Zufall ihre Erhaltung zu danken

---

[1]) Auf den zweiten Theil des malteser Archivs, das Archivio dell'università della Citta Notabile (d. i. die alte, in der Mitte der Insel gelegene Hauptstadt, heute Città vecchia, im Volksmunde aber noch immer kurzweg Medina, d. i. arabisch die Stadt genannt) einzugehen, ist kein Anlass, da dasselbe von ganz untergeordneter, rein localer Bedeutung ist.

gehabt haben. Anders lagen die Verhältnisse für den abendländischen Besitz der Tempelherren, den die Johanniter möglichst vollständig in ihre Gewalt zu bringen suchten. Die auf diesen bezüglichen Urkunden hatten einen hohen praktischen Werth, wenn sie vielleicht zunächst auch nur Ansprüche gaben, die erst in Zukunft unter günstigeren Umständen zur Anerkennung gebracht werden konnten. Daher werden die mit der Uebernahme der Tempelherrnbesitzungen beauftragten Vertreter des Johanniterordens die auf diese Güter bezüglichen Urkunden sich möglichst vollständig haben ausliefern lassen; auch ist für ihre Aufbewahrung Sorge getragen worden. Insbesondere musste man daher bestrebt sein, die in dem Tempelherrnschlosse zu Paris befindlichen Materialien der Art ausgeliefert zu erhalten. Eine solche Auslieferung hat thatsächlich stattgefunden und es ist dabei gleichzeitig eine Inventarisirung der den Johannitern überlieferten Urkunden vorgenommen worden.

1. Das lehrt eine in der **Public Library zu Lavalette** befindliche Handschrift des 17. Jahrhunderts (No. 311 des gedruckten Cataloges),[1]) welche wohl auf eine ältere Vorlage zurückgeht, **Extraits de plusieurs titres primordiaux des privilegès de l'Ordre de S. Jean de Jérusalem au nombre de 37 pièces étant 2ᵉ sac des dits titres déposés aux archives du Temple**. Dieselbe enthält ziemlich ausführliche Regesten von Urkunden französischer und englischer Könige und Fürsten und Grossen zu Gunsten des Johanniter- und des Tempelherrnordens. Von letzteren die folgenden:

> 1190. November 10. Urkunde **Richards, Königs von England, Herzogs von der Normandie**: bestätigt den Tempelherren ihre sämmtlichen Güter in der Normandie, eximirt sie von allen Leistungen und Diensten und nimmt sie in seinen Schutz.
>
> 1255. Juli 21. **Thiébault, König von Navarra, Pfalzgraf von Champagne und Brie, und Isabella, seine Gemahlin**, be-

---

[1]) Eine Handschrift, deren Titel auf einen ähnlichen Inhalt schliessen liess (No. 238: Copia di alcune bolle di Sommi Pontefici concedenti o confirmanti vari privilegi all' Ordine Gerosol. fol.), war trotz der freundlichen Bemühungen des Vorstehers der Bibliothek von Lavalette, Herrn Caruana, nicht mehr aufzufinden und muss für verloren gelten. Zweifellos gehörte sie ebenso wie No. 311 eigentlich dem Ordensarchive an und ist nur durch Verschleppung an ihren jetzigen Aufbewahrungsort gekommen.

stätigen einen zwischen der Königin Margaretha, des ersteren Mutter, und dem Tempelherrnorden geschlossenen Vergleich, nach welchem der Orden im Besitze aller seiner Güter und Rechte in Champagne und Brie belassen wird.

1294. Februar. Paris. Philipp der Schöne, König von Frankreich, bestätigt den Tempelherren ein Privileg Ludwigs des jüngeren (1137—80), wonach dieselben für alle zu ihrem Bedarf ein- und ausgeführten Artikel Zollfreiheit geniessen.

1326. Karl IV, König von Frankreich, bestätigt dem Johanniterorden eine Urkunde Philipps des Schönen von 1304, Juni, betreffend die Besitzungen, Rechte und Freiheiten des Tempelherrnordens.

(1258. April 6.) Vidimus einer Urkunde P. Alexander IV, wonach die von einzelnen der Beamten des Tempelherrnordens während der letzten vierzig Jahre aus Unkenntniss der davon befreienden Privilegien gezahlten Zehnten kein Präjudiz für eine fernere Verpflichtung des Tempelherrnordens zur Zahlung derselben ergeben (6. April pontif. anno 4).

Aus dem weiteren Wortlaut des Inventars ergiebt sich, dass Sack 3 und 4 Urkunden aus dem 16. und 17. Jahrhundert enthielten, Sack 5 solche aus dem 14. und 15., Sack 6 aus dem 13. und den folgenden. Aus diesen stammen aus dem Tempelherrnordensarchive offenbar die folgenden:

1255. Juli 29. Margaretha, Königin von Navarra, beurkundet einen zwischen ihr und dem Tempelherrnorden geschlossenen Vergleich über des letzteren Besitzungen und Rechte in Champagne und Brie unter Zustimmung Thiébaults von Navarra und seiner Gemahlin Isabella (vergl. die zuerst angeführte Urkunde vom 21. Juli 1255).

Als aus Sack 7 stammend werden aufgeführt:

1193. Philipp II von Frankreich bestätigt einen Vertrag zwischen Gotfried, Canonicus von Paris, und den Tempelherren.

(1275 August 8.) Vidimus einer Urkunde Ludwigs IX d. d. 1258, Juli, Vincennes, über die Bestätigung der Besitzungen und Rechte des Tempelherrnordens,

1275 Sept. Vidimus einer Urkunde Thiébaults von Navarra vom 23. Mai 1270, durch welche derselbe dem Tempelherrnorden alle Lehen, Afterlehen etc. in seinem Gebiete bestätigt.

1294. Februar, Paris. Philipp der Schöne bestätigt dem Orden alles bisher in den Baillages von Senlis und Sens und der Prévôté um Paris Erworbene.

Aus **Sack 11**:

1292. April 19. Vidimus eines Schreibens **Philipps des Schönen** d. d. 1291, März 24 an die Seneschalls, betreffend die Exemtion der Tempelgüter.

1310. Vidimus eines Schreibens **Philipps des Schönen** vom 19. December 1307, betreffend die Verwaltung der von ihm mit Beschlag belegten Tempelgüter.

In **Sack 12** sind u. a. enthalten gewesen:

1283. August 15, Toulouse — **König Philipp III von Frankreich** bekennt, vom Tempelherrnorden 40 000 Livres Tournois aus dem Ertrage der für das Heilige Land bestimmten Zehnten mit Zustimmung des Papstes erhalten zu haben.

Weiterhin folgen dann in dem genannten Manuscript der Public Library zu Lavalette ziemlich ungeordnete „Extraits des privilegès", unter denen sich noch folgende **drei** Templerurkunden erwähnt finden:

Vom 7. August. König **Johann von England** bestätigt dem Templerorden alle Besitzungen und Rechte in der Normandie.

1191. **Philipp II von Frankreich** befreit den Orden für alle Zeiten von den üblichen Zahlungen für lettres de chancellerie.

1229. Oktober. Theobald von Champagne und Brie macht demselben eine Schenkung gegen 10,000 Livres.

2. **Eine zweite Gruppe von Resten des Templerordensarchivs** findet sich unter den Urkunden des Johanniterordensarchives verstreut und ist denselben der chronologischen Ordnung entsprechend in den Bänden No. 2, 3, 4, 6, 18 und 19 [1])

---

[1]) S. oben S. 76—78.

ohne weitere Unterscheidung eingefügt. Da die hier in Betracht kommenden 11 Urkunden fast sämmtlich den Besitz und die Beziehungen des Ordens in Palästina betreffen, so kann kaum daran gezweifelt werden, dass sie den einzigen Rest des einst in Jerusalem, dann in Accon und schliesslich in Castrum Peregrinorrum d. i. Athlit aufbewahrten Ordensarchivs darstellen. In chronologischer Ordnung sind es folgende:

1168. März 16 — Vergleich zwischen dem Templerorden und dem Bischof von Valenia über zwischen ihnen schwebende Differenzen, betreffend die Bauern des Casale fractum (III, 45).

1168. Boemund von Antiochien verfügt über die für ein von ihm dem Templerorden geschenktes Landstück zu zahlende Rente. (ib. 51).

1178. Renaud Mansoerius schenkt dem Tempelorden und seinem Meister Odo von St. Amand die Hälfte des Schlosses Brahim u. a. (ib. 49).

1183. Juni — A. Herr von Margat schenkt dem Templerhause in Tortosa ein Grundstück (IV, 22 = Paoli, Cod. dipl. I, n. 209).

1235. Juli 25. Vergleich zwischen Tempelherren und Hospitalitern, betreffend die Differenzen wegen der Mühlen beider und der Wasserbenutzung in Recordane bei Accon. (VI, 16).

1252. Oktober. Geleitsbrief des Templermeisters Thomas Berard für eine Anzahl genannter fränkischer Grosser zum Aufenthalte in Tripolis: — Unter den Zeugen „frère Rocelinus de Fox." (XVIII, 1).

1262. Mai 31. Accon: Vergleich zwischen Templern und Johannitern, betreffend die Güter Cabor, Caymont u. a. m. (XVIII, 2). Vgl. Paoli I, n. 142.

„   „   Desgleichen, betreffend Valenia und Margat. (ib. 3).

„   „   Desgleichen, betreffend Alme und Margalion (ib. 4).

1270. Avignon. Ritter Peter macht todtkrank sein Testament zu Gunsten des Tempelhauses zu S. Gilles. Als Empfänger des Legats fungirt u. A. Roncelinus magister domorum militie Templi in Provincia — ohne Zweifel derselbe, der oben 1252 als Roncelinus de Fox (d. i. wohl aus Foix oder Foz (Dep. Bouches du Rhône) vorkam, und vermuthlich dieselbe Persönlichkeit mit dem in dem Templerprozess [1]) vorkommenden Roncelinus miles de Provincia. Dass diese Persönlichkeit damit urkundlich · nachgewiesen ist, ist insoferne von Wichtigkeit, als dadurch die Glaubwürdigkeit der in dem Prozess gethanen Aussagen evident erhärtet wird und dagegen erhobene Zweifel hinfällig werden (XVIII, 7).

1288. Gotfrid de Ucherio, Visitator des Ordens in England und Frankreich, bestellt Elias Amanem, den Präceptor von Burgund, zu· seinem Generalprocurator. (XIX, 1).

3. Die dritte Gruppe von Resten des Tempelherrnarchivs findet sich unter der Sammlung der päpstlichen Originalbullen zu Malta, der man auch diejenigen eingefügt hat, die, für den Tempelherrnorden ausgefertigt, nach dessen Auflösung den Hospitalitern übergeben worden sind. Es sind folgende eilf:

1146. Juli 16. Viterbo. Eugen III an die Erzbischöfe, Bischöfe etc zum Lobe der Tempelherren, die man durch Collekten unterstützen möge, deren Wohlthätern ein Siebentel der verwirkten Kirchenbusse jährlich erlassen und denen die einmalige Abhaltung von Gottesdienst auch in interdicirten Orten gestattet wird. („Milites templi domini Jerosolimitani novi sub tempore gratie Machabaei") VIII, 1.

1186—87. Februar 17. Verona. Urban III mahnt Erzbischöfe, Bischöfe etc., ihre Pfarrer von der Hinderung der durch ihre Pfarrkinder dem Orden zugewandten Legate abzuhalten. („Quantum sacra templi militia ecclesie Dei") VII, 4.

1191. April 16. Lateran. Clemens III bestätigt einen von südfranzösischen Grossen geschlossenen Gottesfrieden und die Bestimmung, dass die Aufsicht darüber die Tempelherren führen und diese auch die zu zahlenden Abgaben und Bussen erhalten sollen, und ermahnt den Episkopat,

---

[1]) Michelet, Procès des Templiers I, 418. Vgl. Prutz, Geheimlehre und Geheimstatuten des Tempelherrnordens. (Berlin 1879) p. 94. 123,

dem Orden auch sonst in jeder Weise nach Kräften förderlich zu werden. „Sicut sacra evangelii testatur auctoritas" — eine sehr merkwürdige Urkunde, welche die ausserordentliche Machtstellung, welche der Tempelherrnorden in Südfrankreich gewann, von einer ganz neuen Seite zeigt und den Gegensatz, in den derselbe gerade dort schliesslich zu dem französischen Königthum gerieth, schon sehr früh als dem Keime nach vorhanden erkennen lässt. X, 14.

1217. Januar 23. Lateran. — Honorius III ermahnt die Erzbischöfe, Bischöfe etc., die dem Tempelherrnorden in Bezug auf Vergebung und Verwaltung der von ihm abhängigen Kirchen und deren Einkünfte verliehenen Rechte zu respektiren und insbesondere weder den Orden noch die von ihm ernannten Geistlichen zu excommuniciren. „Quanto dilecti filii fratres militie Templi propriis derelictis" — IX, 1, — im wesentlichen gleichlautend mit der Urkunde, durch welche von demselben Papste 18. Januar 1221 die gleichen Rechte dem deutschen Orden verliehen wurden (Strehlke, Tab. ordinis Theut. n. 327). —

1262. Februar 6. — Viterbo. — Urban IV wiederholt die Bestimmung seiner Vorgänger, wonach die Bischöfe gegen diejenigen mit kirchlichen Strafen einschreiten sollen, welche Dienstleute des Ordens schlagen oder berauben und dann nicht die geforderte Genugthuung leisten. „Eis praecipue ac specialiter imminet religiosorum virorum iura defendere —" VII, 7.

1265. April 22. Perugia. — Clemens IV abbati Si Guilermi de Desertis dioec. Lodovensis (Lodève, Dep. Hérault) erklärt die zum Nachtheil des Tempelherrnordens von einigen Präceptoren desselben vollzogenen Veräusserungen von Ordensgut für ungültig, da die darüber ausgestellten päpstlichen Briefe früher erlassenen und durch diese begründeten Rechten des Ordens zuwiderlaufen. „Pervenit ad audientiam nostram quod tam dilecti filii —" X, 18.

1265. Juni 8. Perugia. — Clemens IV wiederholt das Verbot seiner Vorgänger, gegen den Orden anders als auf ausdrückliche päpstliche Weisung Bann oder Interdikt zu verhängen. „Cum dilecti filii nostri fratres Templi ·Jeros. —" X, 25 — Wiederholung u. a. eines gleichlautenden Privilegs Alexanders IV 1257. Februar 8; dasselbe erhielt der deutsche Orden 1218 April 1 durch Honorius III (Strehlke n. 305) und Alexander IV 1257 September 7. (ib. n. 571).

1265. Juni 13. Perugia. — Clemens IV bestätigt in einem Schreiben an den Abt von S. Saturnin zu Toulouse die aus Anlass eines Streites zwischen den Tempelherren in Gascogne und „magistrum et fratres fidei et pacis Auxitanae dioecesis super castro de Manseta" gegen die letzteren verhängte Excommunication, welche, wenn sich dieselben nicht binnen einem Monat fügen, verschärft werden soll. „Sua nobis dilecti filii prior et fratres Hospitalis . . ." X, 24.

1265. Juli 4. Perugia. — Clemens IV ermahnt die Erzbischöfe u. s. w., den vom Tempelherrnorden über Kränkungen seiner Rechte von Seiten ihrer Pfarrer erhobenen Beschwerden bereitwilliger und nachdrücklicher als bisher abzuhelfen. „Cum a religiosorum virorum pressuris et molestiis ii" X, 27.

1265. September 4. Assisi. Clemens IV eximirt den Orden in Wiederholung eines Privilegs Urbans III von der Zahlung aller Taillen, Collekten u. s. w., und erklärt die gegen ihn verhängte Exkommunication für ungültig. „Quanto devotius divino vacatis obsequio." X, 10.

1265. — Clemens IV ermahnt die Erzbischöfe u. s. w. wiederholt, sich aller Bedrückungen des Tempelherrnordens, seiner Güter, Diener und Thiere zu enthalten.. „Non absque dolore cordis et plurima perturbatione." X, 23.

4. Der weitaus umfangreichste und auch inhaltlich werthvollste Rest des Tempelherrnordensarchives liegt in den zwei Bänden mit Regesten und Abschriften von Papsturkunden vor, welche in dem Repertorium, das der im ersten Theile dieser Abhandlung gegebenen Beschreibung des Malteser Archivs zu Grunde gelegt ist, unter No. 1119 und 1121 verzeichnet sind.

Das erste (No. 1119) „Privilegia pontificum, Bullarium sextum, gezeichnet C," giebt nach der Beschreibung in dem Repertorium Regesten von dem Johanniterorden verliehenen Papstprivilegien vom Jahr 1181 bis 1571. Darunter finden sich Fol. 5 bis 11 die Regesten von 33 dem Tempelherrnorden verliehenen Privilegien, welche ja nachher geradeso wie die Tempelherrngüter den Johannitern zufielen und für diese ferner Gültigkeit haben sollten. Eine bestimmte Ordnung ist nicht erkennbar, eine chronologische so wenig wie eine sachliche: die Regesten sind offenbar aneinandergereiht, wie sie dem Schreiber, der das der Handschrift zu Grunde liegende Inventar aufnahm, der Reihe nach in die Hand kamen. Die ältesten sind zwei ungenau datirte Bullen Alexanders III.[1]) Es folgt der Zeit nach eine Bulle Clemens III (1188. Juli 20), 3 Coelestin III (1196. Februar 8, September 25, November 22), 3 Innocenz III (1199. Februar 9; 1200. März 1, März 21), 2 Honorius III (1222. Februar 7; 1223. November 13), 3 Gregor IX (1227. August 29, November 22; 1228. März 2), 6 Innocenz IV (1244. Februar 5, September 27 und September 30, 1245. Januar 18, 1249. August 15 und November 20), 8 Alexander IV (1255. März 2, August 1, November 26, Dezember 9, 10 und 12, 1256. Dezember 7, 1260. Juni 13), eine Clemens IV (1265, August 5) und 2 Gregors X (1272. Februar 8., 1274. September 13). Ausserdem finden sich unter den Regesten verzeichnet drei schon anderweitig bekannte Bullen, nämlich die Innocenz III vom 8. März 1200 (Potthast Reg. Pontif. n. 967), Alexanders IV vom 5. Dezember 1255 (ib. 16,100), 9. Dezember 1255 (ib. 16,114) und 1. Januar 1256 (ib. 16,198). Bemerkt mag ausserdem noch werden, dass von diesen Bullen die Innocenz IV vom 18. Januar 1245 gleichlautend gewesen zu sein scheint mit der dem Deutschen Orden verliehenen bei Potthast 11,511 und 12. —

Liessen schon diese Regesten vermuthen, dass die dem Tempelherrnorden verliehenen päpstlichen Privilegien uns bisher nur zu einem kleinen Theile bekannt seien, so führten weitere Nachforschungen zu Ergebnissen, welche diese Annahme durchweg bestätigten.

---

[1]) 1. Bulla ut fratres Templi possint producere fratres suos ad ferendum testimonium in causis propriis domus sue. Dat. Anagnie XV. Kal. April (1160 (?) März 18). — 2. Bulla ne quis iniiciat manus violentas in eos qui ad domos fratrum templi pro salute sua confugiunt, sub pena excommunicationis. Dat. Sig. VI. Aug. pont. anno —.

Der in dem Repertorium unter No. 1121 verzeichnete Band, das sogenannte Bullarium rubrum, eine Papierhandschrift vom Ende des 15. oder Anfang des 16. Jahrhunderts, stellte sich bei näherer Untersuchung dar als eine Zusammenstellung der wichtigsten der den Johannitern verliehenen päpstlichen Privilegien und der von den Tempelherren erworbenen, welche nach deren Auflösung kraft päpstlicher Verleihung an die ersteren übergingen, — eine Zusammenstellung, angefertigt auf Grund einer amtlichen und von einem päpstlichen Notar beglaubigten Abschrift theils der betreffenden Originale, theils eines derselben gleichgestellten officiellen Copialbuches des Tempelherrnordens, welches letztere natürlich nur aus dem Archive des aufgelösten Ordens an die Johanniter gekommen sein kann. Oder aber es sind zur Angabe des Inhaltes der Urkunden die demselben nach den Hauptpunkten summirenden kurzen Notizen verwendet, welche man auf die Rückseite der betreffenden Pergamente zu notiren pflegte. Das ergiebt sich zunächst aus einem am Schlusse des Bandes (fol. 207—208) copirten Protokoll, nach welchem „die vorstehend verzeichneten päpstlichen Urkunden in unanfechtbar echten Originalen vorgelegen, gelesen und beglaubigt sind und in Zukunft vor Gericht als gleichwerthig mit den Originalen sollen vorgebracht werden können"; als an dieser Arbeit betheiligt werden genannt Andreas von Viterbo und Johannes, auditor curiae Romanae; die feierliche Beglaubigung sei vollzogen zu Rom, im Jahre 1454, Indictione II, Sonnabend den 23. März. unter Papst Nicolaus V.

Dass ein Theil der in diesem Bande vereinigten 67 päpstlichen Bullen und 287 Regesten von solchen auf ein officielles Bullarium des Tempelherrnordens zurückgeht, beweisen die Ueberschriften, welche einigen derselben zur kurzen Kennzeichnung des Inhalts beigegeben sind. So heisst es z. B. fol. 86' „Quod possimus fratres nostros in causis nostris ad testimonium ferendum producere (ebenso fol. 175), fol. 87' Quos possumus jura nostra per testimonium fratrum nostrorum probare (ebenso fol. 175'); fol. 94' Quod possimus succedere in omnibus preterquam feudis; fol. 95 Ut possimus succedere parentibus feodalibus exceptis; fol. 139 Quod si littere contra privilegia nostra, nullum inde nobis generetur detrimentum; fol. 167 De procurationibus legatorum et nuntiorum sedis apostolice, quibus contribuere non tenemur; fol. 171 Quod nequimus per litteras apostolicas conveniri, que de ordine nostro non fecerint mentionem; fol. 175 Quod ad contribuendum in procurationibus legatorum et nuntiorum non teneamur; fol. 176 Quod confugientibus ad domos nostras pro sua salute vel in res eorum infra ambitum domorum nostrarum quis non potest iniicere manus violentas, — und immer werden dadurch Privilegien, welche zunächst dem Tempelherrnorden verliehen waren, charakterisirt.

Wenn sich nun in dieser merkwürdigen Sammlung auch eine Anzahl von päpstlichen Privilegien für den Johanniterorden befinden, so zeigt doch einmal die Kleinheit derselben und dann namentlich die Anlage der ganzen Sammlung deutlich, dass den eigentlichen Grundstock und den Leitfaden für dieselbe die betreffende Abtheilung des Tempelherrnordensarchivs abgegeben hat. Auch hier ist ein bestimmtes System in der Anlage der ganzen Sammlung nicht erkennbar; unzweifelhaft aber handelt es sich dabei zuerst um diejenigen Stücke, durch welche die Stellung des Tempelherrnordens bedingt war. Die Reihe der hier in Betracht kommenden Bullen ward eröffnet durch die Alexanders III Omne datum optimum, hier fol. 10 mit 1163 — 14 Kal. Jul. (= 18. Juni), dann folgt fol. 14 eine Wiederholung derselben durch Alexander III 1164. März 30, Sens; eine zweite (fol. 14') von 1180. Juli 13. Tusculum; weiterhin eine Erneuerung durch Lucius III von 1182 (ohne Datum) Lateran und (fol. 18) Alexander IV von 1255. August 11. Anagni. Und in ähnlicher Weise wird dann fortgefahren. Es folgt auf eine zweite Bestätigung der Exemptionsbulle Alexanders III durch Alexander IV von 1255 August 31 Anagni fol. 18' die bekannte Bulle Clemens V (1311 Mai 2. Vienne, In specula apostolice dignitatis) und dann fol. 22 desselben Ad providam Christi vicarii und die auf die Auflösung des Tempelherrnordens und die Ueberweisung seiner Güter und Rechte an die Hospitaliter bezüglichen Ausschreiben desselben Papstes an die verschiedenen Fürsten und Grossen.[1]) Nachdem dann fol. 25 noch eine Wiederholung der Exemtionsbulle durch Gregor X 1217. December 1 eingeschoben ist, folgen die Erlasse Alexanders V für die Johanniter betreffend die Einweisung derselben in die Besitzungen der Tempelherren und verwandte Erlasse Alexanders V, Johann XXII, Bonifaz VIII u. a. Mit fol. 46' beginnt dann eine stattliche Reihe von

---

[1]) S. oben S. 15.

Tempelherrenurkunden, die nur an vereinzelten Stellen durch Bullen und Regesten von solchen unterbrochen wird, welche den Johannitern als solchen verliehen waren.

Es sind im Ganzen nicht weniger als 80 Papsturkunden und 287 Regesten von solchen, sämmtlich den Tempelherrnorden und dessen in kirchlicher und anderer Hinsicht bevorzugte Stellung betreffend, welche uns diese Sammlung liefert, und von denen, wie sich aus dem Vergleiche mit Jaffé und Potthast ergiebt, bisher nur ganz vereinzelte Stücke bekannt gewesen sind. Einige nämlich von diesen Urkunden unseres Copialbuches enthalten die Verleihung von gewissen Rechten an den Tempelherrnorden, wie dieselben auch anderen Orden in derselben Wortfassung früher oder später gewährt worden sind, die uns aber nur in dieser Ausfertigung, nicht in der für die Tempelherren vorgelegen haben. So deckt sich z. B. eine Urkunde Innocenz III von 1198. März 30. Lateran („Cum dilectis filiis fratribus militiae Templi fuit a predecessoribus indultum") in der Hauptsache mit der Urkunde Papst Honorius III für den Deutschen Orden von 1221. Januar 16, Lateran (bei Strehlke, Tab. Ord. Theut. n. 314), und die Alexanders V d. d. 1255. Juni 30, Anagni („Quotiens a nobis petitur") mit der Honorius III d. d. 1221. Januar 18. Lateran bei Strehlke n. 328. Das gleiche Verhältniss wiederholt sich zwischen der Urkunde Gregors IX d. d. 1228. Januar 9. Lateran und der Honorius III d. d. 1222. Februar 20 Lateran bei Strehlke n. 367; einer Honorius III d. d. 1216, Dezember 16, ap. S. Petrum und der desselben Papstes 1221. Januar 19. Lateran bei Strehlke n. 336; der einen Innocenz III von 1200. April 16. („Ex insinuatione dilectorum filiorum") und der Honorius III d. d. 1221. Januar 16. bei Strehlke n. 318 und ebenso noch öfters. Einige der in unserem Copialbuch enthaltenen Urkunden sind bereits gedruckt bei Ferreira,[1] Memorias e noticias da celebre Ordem dos Templarios, Lisboa 1735 t. II., wie ich zuerst aus den von Münter und danach von Wilcke daraus angeführten Stellen

---

[1] So schreibt Wilcke, Gesch. des Tempelherrnordens I, 406 ff. in den Anmerkungen durchweg und auch in der Litteraturübersicht II, 511, während Münter, Statutenbuch des Ordens der Tempelherren, dem, wie ein Vergleich der Citate bei beiden zeigt, Wilcke die von ihm angeführten Stellen einfach entlehnt, offenbar ohne die Quelle selbst eingesehen zu haben, immer Perreira schreibt.

entnahm, — einem sehr seltenen Werke, von dem weder Jaffé noch Potthast Kenntniss gehabt haben, so dass die betreffenden Bullen von beiden in ihre Regesten nicht aufgenommen worden sind. Von den in unserm Copialbuch enthaltenen Urkunden finden sich bei Ferreira, der im Ganzen 68 Urkunden bietet, nur 5, eine Alexanders IV 1255. März 2 Neapel und 4 Clemens IV von 1265. Juni 8, Juli 4 (2 mal); Juli 19 und September 4 (3 mal). Ferreiras Sammlung stammt offenbar aus einem dem unsern ähnlichen Copialbuch, das wohl an den Christusorden gekommen war.

Der Gewinn, welcher sich aus diesem Theile meiner Malteser Forschungen ergiebt, kommt also, abgesehen von der zunächst geförderten Geschichte des Tempelherrenordens, vornehmlich den Papsturkunden und Papstregesten zu gute, wie dies schliesslich noch folgende Zahlenangaben darthun mögen. Von den in Summa 80 Urkunden entfallen auf

Alexander III 8 von 1160. Juli 3 — 1170. Juni 11.

Lucius III 2 von 1182. April 25 — 1185. April 26.

Urban III 2 von 1186. April 28 — 1187. Februar 17.

Clemens III 1 von 1191. April 16.

Coelestin III 1 von 1195. August 9.

Innocenz III 13 von 1198. März 10 — 1208. Februar 28.

Honorius III 12 von 1216. November 26 — 1222. Januar 25.

Gregor IX 4 von 1227. September 9 — 1234. April 7.

Innocenz IV 5 von 1244. Februar 5 — 1246. Januar 8.

Alexander IV 15 von 1255. Juni 30 — 1259. Februar 1.

Urban IV 4 von 1241. September 29 — 1262. Juni 28.

Clemens IV 11 von 1265. April 22 — 1267. Mai 7.

Gregor X 1 von 1274. September 13.

Honorius IV 1 1285. Oktober 23.

Von den Regesten aber, welche sämmtlich Wiederholungen oder Bestätigungen der aufgeführten Urkunden betreffen, kommen — wenn man die mehrfach wiederkehrenden, sowie verschiedene, an demselben Tage vollzogene einfach rechnet und einige mit ungenauen chronologischen Angaben beiseite lässt — auf Alexander III 14, Lucius III 6, Clemens III 1, Coelestin III 7, Innocenz III 48, Honorius III 37, Gregor IX 38, Innocenz IV 24,

Alexander IV 43, Urban IV 4, Clemens IV 10, Gregor X 2 und endlich Honorius IV und Bonifaz VIII je eine.

Im Nachfolgenden gebe ich zunächst die aus den vorstehend verzeichneten und charakterisirten Stücken des Malteser Archives gewonnenen Tempelherren-Urkunden und Regesten in chronologischer Ordnung und lasse dann die Johanniter-Urkunden folgen, soweit sie dem zwölften Jahrhundert angehören. In jedem einzelnen Falle ist die Stelle, wo sich das betreffende Stück in Malta findet, durch Hinzufügung der betreffenden Inventar-Nummer genau bezeichnet.

Tempelherrenurkunden
von
1145—1297.

1. *1145—46. Juli 16. Viterbo.* Eugen III erlaubt den zur Collekte erscheinenden Brüdern des Tempelherrenordens in interdicirten Orten einmal im Jahre die Kirche zur Abhaltung des Gottesdienstes zu öffnen und erlässt den dem Orden Zuwendungen machenden ein Siebentel der jährlichen Busse.

Eugenius episcopus servus servorum dei venerabilibus fratribus archiepiscopis, episcopis, abbatibus et universis ecclesiarum prelatis, ad quos littere iste pervenerint, salutem et apostolicam benedictionem. Milites templi dominici Jerosolimitani novi sub tempore gratie Machabei, abnegantes secula[ria desideria] et propria relinquentes, tollentes crucem suam [secuti sunt] Christum. Ipsi sunt, per quos deus orientalem ecclesiam a paganorum [spurcitia] liberat et christiani nominis inimicos expugnat. Ipsi pro fratribus animas ponere non formidant et peregrinos ad terram sanctam proficiscentes tam in eundo quam in redeundo ab incursibus paganorum defensant. Et quoniam ad tam sanctum et pium opus [explendum eis proprie] facultates non suppetunt, fraternitatem vestram litteris presentibus exhortamur, quatenus, unde eorum sublevetur inopia, per populum vobis commissum collectas facere moneatis. Quicunque vero de facultatibus sibi collatis eis [subvenerit et in tam sancta fraternitate se statuerit] collegam eisque beneficia persolverit, annuatim septimam ei partem injunct[e penitentie confisi de] beatorum apostolorum Petri et Pauli meritis indulgemus. Si vero excommunicatus non fuerit et eum [mori contigerit, ei cum aliis] christianis sepultura ecclesiastica non negetur. Cum autem fratres ipsius templi, qui ad collectam percipiendam destinati fuerint, in civitatem, castellum vel vicum advenerint, si forte locus iste interdictus sit, in [iocundo eorum adventu pro templi] honore et gratia et eorundem militum reverentia semel in anno aperiantur ecclesie et exclusi[s excommunicatis divina] servitia celebrentur. Que vero de non excommunicatis eorundem militum fratribus ecclesiastice sepulture [tradendis et] ecclesiis in eorum adventu, excommunicatis exclusis, semel aperiendis a nobis statuta sunt, mandando vobis precipimus, ut per vestras parochias faciatis irrefragabiliter observari. Preterea fraternitati vestre rogando mandamus, quatenus personas eorum et bona pro caritate beati Petri et [nostra manu]teneatis et nullam eis irrogari lesionem [vel injuriam] permittatis. Dat. Viterbii 18. Kal. Aug.

Das sehr lädirte Original VIII, 1 ergänzt nach der Bestätigung durch Innocenz III d. d. 1200. Juni 12 (No. 77). Eine gleichlautende Urkunde vom 27. October 1145—46 giebt v. Pflugk-Harttung, Acta pontificum romanorum inedita I, No. 201 (p. 183—84) nach einem angeblichen Original im Departementalarchiv zu Dijon, worin sich aber die höchst verdächtige Stelle findet: Si vero excommunicatus fuerit (statt *non* fuerit) et eum mori contigerit, — wonach excommunicirte Tempelbrüder dennoch kirchlich zu begraben gewesen wären. Regest unserer Urkunde bei Delaville le Roulx, Documents concernant les Templiers n. 1. Vgl. unten No. 50. 76. 77. 155. 157. 162. 177. 335 und Strehlke, Tab. ord. Theut. No. 321.

2. (1160) März 18. Anagni. Alexander III (sic) „ut fratres Templi possint producere fratres suos ad ferendum testimonium in causis propriis domus sue. 1119, 6'. Vgl. No. 110. No. 46. 198. 248. 326. 334.

3. 1160. Juli 3. Anagni. Alexander III, „quod archiepiscopi et episcopi non possunt homines templi in aliquo crimine deprehensos pena pecuniaria punire nec ipsos presbiteros et ecclesias, quas tenent, exactionibus indebitis fatigare". — 1121, 120. Wörtlich gleichlautend mit Strehlke, Tab. ord. Theut. No. 337. Vgl. No. 82. 118. 144. 215. 225.

4. 1160—61. Februar 24. Anagni. Alexander III „de his, qui fratres templi de suis equis deiiciunt aut inhoneste tractant seu eos contumeliosis verbis afficiunt". — Ib. 130. (Vgl. No. 15. 18. 40. 75. 85. 91. 94. 107. 123. 126. 134. 153. 168. 180. 194. 253. 277. 289. 293. 296. 300.)

Vgl. Strehlke a. a. O. No. 379.

5. *1160. September 6. Papst Alexander III befreit den Tempelherrenorden von den üblichen Geldleistungen an päpstliche Legaten mit Ausnahme der Cardinäle.*
De procurationis pecunia non solvenda cardinalibus exceptis.

Alexander episcopus s. s. d. dilectis filiis preceptori et fratribus domus militie templi in Francia sal. et ap. ben. Dignum esse conspicimus et necessarium esse arbitramur, ut hi favore sedis apostolice foveantur, qui consanguineorum suorum affectu deposito dei, non hominis prelium prelientur. Sane porrecta nobis ex·parte vestra petitio continebat, quod vos procurationibus in exhibendis legatis et nuntiis apostolice sedis ex eo congravamini, quod ipsi non contenti procurationibus, quas eisdem in victualibus et aliis necessariis estis exhibere parati, a vobis et ecclesiis et domibus vestris occasione procurationis huiusmodi frequenter non modicam pecunie summam exigunt et extorquent. Propter quod vestrum quandoque pium propositum impediri et negotium terre sancte noscitur deperire. Quare nobis humiliter supplicastis, ut providere vobis in hac parte misericorditer curaremus. Volentes ergo indempnitati vestre super hoc, quantum cum deo possumus, precavere, ut legatis et nunciis apostolice sedis, fratribus nostris sancte Romane ecclesie cardinalibus dumtaxat exceptis, ad solvendas ipsis procurationes pecuniarias compelli inviti aliquatenus non possitis, dummodo parati sitis eisdem legatis et nunciis, sicut premissum est, procurationes in victualibus et aliis necessariis exhibere, auctoritate vobis presentium indulgemus. Nulli ergo etc. Dat. Anagnie 8. Id. Septembr. Pontificatus nostri anno primo.

1122, 61. Vgl. No. 16. 45. 137. 142. 181. 216. 218. 325. 339. 352.

6. *1160. September 14. Papst Alexander III mahnt, die den Tempelherren verliehenen Privilegien, insbesondere betr. die Excommunication, zu beobachten und die Pfarrer u. s. w. zur Beobachtung derselben anzuhalten.*
De confratriis seu collectis.

Alexander episcopus s. s. d. fratribus archiepiscopis etc. Si discrimina, que dilecti filii fratres militie templi pro defensione christianitatis continue sustinent in transmarinis partibus, et beneficia, que pauperibus subministrant, consideratione solicita pensaretis, non solum ab illorum cessaretis molestiis, sed et alios studeretis districtius cohibere. Ceterum audivimus et audientes nequivimus non mirari, quod eos quidam vestrum solito durius persequentes non solum cartas (?) eorum dissimulant, sed ipsos gravibus injuriis vexaverunt et in dampnabili adhuc proposito perseverantes litteras nostras generales et quandoque speciales legere contempnentes, quas si legerint, interim vilipendunt et elemosinas et beneficia subtrahunt consueta, invasores quoque bonorum ipsorum fratrum non arguunt, sed in sua familiaritate recipiunt, fratres ipsos intolerabiliter deprimentes, quos pro sue religionis honestate deberent attentius sustinere. Unde quoniam gravamen eorum tanto minus volumus patienter sustinere, quam gravius justo Dei iudicio permittente iugiter ipsos inimici christiani nominis persequuntur, universitati vestre per apostolica scripta mandamus et in obedientie virtute precipimus, quatenus litteras, quas pro eis dirigimus, sive generales fuerint sive etiam speciales, recipiatis humiliter et fideliter exponatis, subiectos vestros ad solitas elemosinas et beneficia sollicitis monitis et exhortationibus inducentes, fratres autem benigne recipiatis et honeste tractetis, attentius provisuri, ut de parochianis vestris vel de subditis aliis, si quae clam detulerint, ipsos ad exhibendam iusticiam omni gratia ac timore postpositis canonica severitate cogatis, ita quod fratres ipsi ex negligentia vestra ad sedem apostolicam non laborent, scituri quod si precepto nostre presumpseritis ultionis contraire, in vos sicut in inobedientes animadvertere severius compellemur. Datum Anagnie 15. Kal. Octobr. Pontificatus anno nostri primo.

1121, 62. Vgl. No. 43. 82. 83. 89. 96. 103. 156. 213.

7. 1161—75. Mai 28. Ferentino. Alexander III wiederholt die Bulle Eugens III vom 16. Juli 1145—46 (No. 1). Ib. 137'.

Das Regest ist ohne annus pontificatus; nach Jaffé Reg. pontif. war Alexander zweimal, 1161 und 1175 Ende Mai, in Ferentino.

8. 1162. Mai 22. Tours. Alexander III („de septima parte penitent'arum injunctarum") wiederholt Nr. 1. Ib. 70'—71.

9. 1164. Juli 15. Sens. Alexander III desgl. Ib. 136'—137.

10. *1166—67 oder 1178—79: April 4. Papst Alexander III verbietet vom Tempelherrenorden für die von ihm durch Ausroden der Wälder gewonnenen Grundstücke und von seinem Viehfutter den Zehnten zu nehmen.*

De decimis.

Alexander episcopus servus servorum dei dilectis filiis fratribus militie templi sal. et ap. ben. Officio nostro congruente dinoscitur rationabilibus votis et desideriis religiosorum virorum gratanter annuere et eorum jura gratanter et diligenti animo custodire. Unde est, quod vestris justis postulationibus benignius inclinati sub interminatione anathematis prohibemus, ne quis de novalibus vestris aut de nemoribus exstirpatis, que propriis sumptibus colitis, seu de nutrimentis animalium vestrorum decimas a vobis exigere vel extorquere presumat. Si quis autem etc. Dat. Laterani 2. Non. Aprilis.

Ibid 94'.

11. *1168. Boemund, Fürst von Antiochien, bekundet eine seinem Lehnsmann Guido Falfart gemachte Land- und Geldschenkung.*

In nomine sancte et individue trinitatis, patris et filii et spiritus sancti. Amen. Notum sit omnibus hominibus tam presentibus quam futuris, quod ego Boamundus, principis Raimumdi filius, dei gratia princeps Antiochenus, dono atque condono Guidoni Falfart, homini meo ligio, heredibusque suis nonam partem septingentorum bisantiorum, quos ipse habet in assisiam infra

Antiochiam, quam utique partem ipse convenerat et debebat mihi dare pro terra illa et pro meo proprio, quod ego dedi Templo et Hospitali. Insuper autem confirmo eis et concedo gastina(m), que dicitur Dendenia, quam ipse accepit in matrimonio cum uxore sua Clementia. Preterea vero dono et concedo eidem Guidoni et heredibus suis totam terram illam, que est inter predictam gastinam, Dendenia scilicet, et viam publicam, que ducit ad pontem ferri, que via est ibi meta et divisio. Ab altera autem parte, que respicit ad Antiochiam, dividit eam totus collis continuus a via predicta usque ad flumen ferri. Hec utique est de pertinentia gastine putei. Huius itaque predicte gastine Dendenie et terre illius, quam ego ei tribuo, nonam partem, quam ipse daturus erat mihi, eidem dono atque condono. Hec omnia prescripta dono et concedo prefato Guidoni, homini meo ligio, pro bono eius servitio suisque heredibus iure hereditario habenda quiete et sine calumpnia in perpetuum possidenda. Ut autem hoc donum firmum fiat stabileque consistat, litterarum inscriptione principalisque sigilli mei impressione munio atque confirmo. Huius rei testes sunt: Eschivardus dapifer, Willelmus Tyrel marescalcus, Petrus camerarius, Bonablus, Gaufridus Falfar dux, Paganus de Castelluz, Helyas de Laforest. Datum est autem privilegium istud per manum Bernardi cancellarii. Anno principatus mei V⁰ et ab incarnatione dominica M⁰C⁰LX⁰VIII⁰ Indictione Iª.

Original mit Siegelschnüren. III, 51.

12. *1168 März 16. Tortosa. Protokoll über den Vergleich zwischen dem Bischof von Valenia und dem Orden der Tempelherren.*

In nomine patris et filii et spiritus sancti. Amen.

Notum sit omnibus hominibus, tam futuris quam presentibus, versatas inter Valeniensem episcopum et fratres templi multo tempore controversias anno ab incarnatione M⁰C⁰LX⁰VIII⁰ mense Marcio XVIIᵐᵒ Kal. Aprilis in bono pacis et concordie auctore domino terminatas. Siquidem convenientibus apud Tortosam domino episcopo et fratribus dominus episcopus omnes retroactas querelas, quas adversus domum habuerat, utpote de rebus domini Galterii canonici sui, de villanis de casali suo fracto et si que alie intervenerant, bono animo et spontanea voluntate ob recuperandam fratrum gratiam deposuit ac dimisit spoponditque se nullam deinceps super his movere questionem. Sic ergo sopitis hinc inde universaliter omnibus querimoniis sese mutuo in gratiam et benevolentiam receperunt dominus episcopus et fratres facti, deo gratias, et fratres et amici. Huic autem reformationi et concordie interfuerunt dominus P. Anta‑ radensis episcopus, Kalo eiusdem ecclesie archidiaconus, frater Galterius de Berito preceptor, frater W. de Guirchia, frater Berengarius de Castello perso, frater Thomas de Charolio, frater Theobaudus de sancta Scolastica, frater Falco et plures alii.

Original II, 45. Delaville le Roulx n. 5 zu 1167.

13. *1168—69. December 3. Papst Alexander III empfiehlt den Tempelherrenorden der Förderung der Bischöfe und weist dieselben an, ihre Pfarrer an Beeinträchtigung des Ordens zu hindern.*

De helemosinis et oblationibus.

Alexander episcopus servus servorum dei venerabilibus fratribus archiepiscopis et episcopis etc. Quantum ad defendendam orientalem ecclesiam et paganorum feritiam reprimendam Jherosolimitani templi militia sit utilis et necessaria, discretionem vestram non credimus ignorare. Ipsi enim discipuli Christi et evangelici observatores mandati propria relinquentes et crucem pro Christi nomine in suo corpore assidue baiulantes pro fratribus animas ponere non formidant, peregrinis loca sancta visitantibus tam in securo conductu quam in multis aliis eorum necessitatibus solatia sumministrant, et quoniam tam sanctum eorum propositum sacerdotalibus studiis prosequendum est, caritatem vestram monemus et exhortamur in domino et per apostolica scripta vobis injungimus, quatenus eosdem fratres et bona sua iuvare et manutenere curetis et nullam eis injuriam irrogari vel molestiam permittatis. De parrochianis autem vestris, qui sicut accepimus, contra deum et animarum suarum salutem defunctorum oblationes seu helemosinas eis concessas auferre vel retinere seu quibuslibet aliis modis ipsis injuriam inferre presumunt, cum ab eis requisiti fueritis, remota dilatione districtam justitiam faciatis, vos vero nullam eisdem fratribus injuriam vel molestiam inferatis vel a subditis vestris permittatis inferri. Dat. Beneventi 3 Non. Decembr.

1121, 94. Ohne Pontificatsjahr.

14. 1170 Juni 11. Veroli. Alexander III „de elemosinis". Ib. 94. Gleichlautend mit Strehlke No. 312. Vgl. No. 267.

15. 1171—72. Februar 22. Tusculum. Derselbe wiederholt No. 4. Ib. 130'.

16. 1171—72. Juli 18. Tusculum. Derselbe wiederholt No. 5. Ib. 93'. (Vgl. No. 45.)

17. 1171—72 o. T. Tusculum. Derselbe verleiht den Tempelherren das von Urban III d. 28. April 1186 (s. No. 29) bestätigte Privileg „Attendentes affectum devotionis et fidei vestre". Ib. 117.

18. 1175. Juli 6. Ferentino. Derselbe wiederholt No. 4. (Vgl. No. 15). Ib. 130'.

19. *1178. Reinaud Mansoërius schenkt dem Tempelherrenorden zu Handen des Meisters Hugo v. S. Amand die Hälfte des Gutes Brahin mit Zubehör.*

Quoniam succedente temporis spacio multorum oblivionem incurrimus necessarium esse duximus, ut presentis pagine subscriptione preteritum in nostram nostreque posteritatis memoriam revocemus. Unde ego Renaudus Mansoërius in nomine sancte et individue trinitatis, patris et filii et spiritus sancti notum facio presentibus et futuris, quia Odoni de Sancto Amando, magistro militum templi, et fratribus dono et absque ullo contradictionis modo concedo medietatem Brahin, quod vocatur castellum, cum apendiciis et pertinentiis ipsius et medietatem casalis Albot et casale Talaore, cuius villanos pater meus per sua casalia dispersit et dedit, et medietatem Besenen et medietatem casalium, que sunt ultra cavam, que est inter Brahin et Matrone, et dominus Renerius medietatem de Soëbe et unum villanum. Praeter hoc vero prenominato magistro et fratribus concedo, quicquid milites mei et homines vel pro amore mei vel pro se ipsis donare disposuerint. Haec autem donatio et concessio intelligatur de casalibus illis, quae sunt ultra cavam Brahin versus orientem, et non de aliis casalibus. Hoc autem concessione Boëmundi principis facio. Quod ut ratum et firmum habeatur impressione nostri sigilli anno ab incarnatione domini M°C°LXXVIII confirmo. Huius donationis testes sunt: Magister Merellus. Gilo de Allant. Philippus Fremillons. Renerius. Guido.

Adam. Martinus. Hoc idem etiam Bertrandus filius meus et uxor ipsius testantur, quorum concessione hoc facio.

Original II, 45. Bei Delaville le Roulx n. 6.

20. 1182. Januar 15. Lateran. Lucius III bestätigt die Exemtionsbulle Alexanders III. „Omne datum optimum". 1121, 55. 58'.

21. 1182. April 25. Velletri. Lucius III „de decimis et injectione manuum violentarum". Ib. 104'—5. Vgl. Strehlke No. 310. (cf. No. 42. 93. 110. 101. 102. 104. 254. 272. 328.)

22. 1182. Juni 27. Velletri. Derselbe wiederholt No. 21. Ib. 105.

23. „ Juli 10. „ Desgl. Ib. 105.

24. „ Juli 11. „ Desgl. Ib. 105.

25. 1182—83. März 28. Velletri. Lucius III „ne a fratribus et hominibus templi de victualibus, vestimentis, pecudibus et aliis pedagium, vendum, passagium, lauragium et aliquam consuetudinem aliquis extorqueat". — Gleichlautend Strehlke No. 330. Ib. 1—73'. Vgl. No. 54. 61. 86. 90. 106. 129. 143. 160. 166. 170. 202. 204. 233. 237. 297. 353.

26. 1182—83. Mai 21. Velletri. Derselbe wiederholt No. 21. Ib. 115.

27. 1183. März 29. Velletri. Desgl. Ib. 137.

28. *1185. April 26 Verona. Lucius III ermahnt die Prälaten, diejenigen, welche den Tempelherrenorden oder dessen Güter und Leute schädigen, durch Bann und Interdikt zur Genugthuung anzuhalten.*

Lucius episcopus servus servorum dei venerabilibus fratribus archiepiscopis et episcopis et dilectis filiis abbatibus, prioribus, decanis, archidiaconis, archipresbiteris et aliis ecclesiarum prelatis, ad quos littere iste pervenerint, salutem et apostolicam benedictionem. Non absque dolore cordis et plurima turbatione didicimus, quod ita in plerisque partibus ecclesiastica censura dissolvitur et canonice sententie severitas enervatur, ut viri religiosi et hii maxime, qui per sedis apostolice privilegia maiori donati sunt libertate, passim a malefactoribus suis iniurias sustineant et rapinas, dum vix invenitur, qui illos congrua protectione subveniat et pro fovenda pauperum innocentia se murum defensionis opponat. Specialiter autem dilecti filii preceptor et fratres domus militie templi Jerosolimitani tam de frequentibus iniuriis, quam de ipso cotidiano defectu iustitie conquerentes universitatem vestram litteris petierunt apostolicis excitari, ut ita videlicet eis in tribulationibus suis contra malefactores eorum prompta debeatis magnanimitate consurgere, quod ab angustiis, quas sustinent, et pressuris vestro possint presidio respirare. Ideoque universitati vestre per apostolica scripta mandamus atque precipimus, quatinus illos, qui possessiones vel res seu domos predictorum fratrum vel hominum suorum irreverenter invaserint aut ea injuste detinuerint, que predictis fratribus e testamentis decedentium relinquntur, seu in fratres ipsos seu ipsorum aliquem contra apostolice sedis indulta sententiam excommunicationis aut interdicti presumpserint promulgare vel decimas laborum de terris habitis ante concilium generale, quas propriis manibus aut sumptibus excolunt, seu nutrimentis animalium suorum spretis apostolice sedis privilegiis extorquere, si de hiis manifeste vobis constiterit, canonica monitione premissa, si laici fuerint, publice candelis accensis singulis vestrum in diocesibus et ecclesiis vestris excommunicationis sententia percellatis, si vero clerici vel

1182. Januar 15 — 1187. Februar 17. 43

canonici regulares sive monachi exstiterint, eos appellatione remota ab officio et beneficio suspendatis, neutram relaxaturi sententiam, donec predictis fratribus plenarie satisfaciant, et tam laici quam clerici seculares, qui pro violenta manuum injectione in fratres eorum seu ipsorum aliquem anathematis vinculo fuerint innodati, cum diocesani episcopi [scripto ad] sedem apostolicam venientes ab eodem vinculo mereantur absolvi.
Dat. Verone 6. Kal. Maii.
Ib. 125'. Vgl. No. 33. 36. 37. 161. 178. 246. 327.

29. *1186. April 28. Papst Urban III erläutert einen von Alexander III gebrauchten Ausdruck betr. die demselben von Laien zugewandten Kirchen und Zehnten zu Gunsten des Tempelherrenordens.*

Confirmatio quedam de decimis et ecclesiis templi.

Urbanus episcopus servus servorum dei dilectis filiis magistro et fratribus militie templi salutem et apostolicam benedictionem. Attendentes affectum devotionis et fidei vestre et considerantes, quomodo pro defensione christiani nominis semper sitis parati et arma militie salutaris induti, vos et domum vestram ad exemplar predecessorum nostrorum Romanorum pontificum diligere volumus et fovere et iura sua, quotinus nobis gratia divina concesserit, integra et inconcussa servare. Ecclesias sane et decimas, quas moderno tempore a laicis accepistis, in concilio per decreti paginam antecessor noster felicis memorie Alexander papa statuit revocandas. Ne autem verbum ipsum, moderno scilicet, dubitationem aliquam generaret, illud benigna interpretatione aliquanto post statuit exponendum, ut ita intelligatur, ecclesias et decimas, quas moderno tempore a laicis accepistis, a decem scilicet annis retro ante concilium, illas ergo vobis, quas prius pacifice habebatis, auctoritate apostolica confirmamus et presentis scripti patrocinio consecravimus. Hec autem interpretatio ex necessitatis terre Jherosolimitane, que ab inimicis crucis Christi plus solito videtur urgeri, consideratione processit nec ab aliquo volumus in exemplum adduci. Nulli ergo omnium etc. Dat. Verone 4. Kal. Maii.
Ib. 117.

30. *1186—87. Februar 17. Urban III weist die Prälaten an, die immer wieder versuchte Occupation der dem Tempelherrenorden ausgesetzten Legate durch die Pfarrer mit Strenge zu hindern.*

Urbanus ep. s. etc. venerabilibus archiepiscopis, episcopis et aliis prelatis, ad quos littere iste pervenerint, s. et ap. b. Quantum sancte ecclesie sacra templi militia ecclesie dei et toti fere christianitati sit utilis et necessaria, tam vicini quam longe positi non ignorant. Per ipsos namque orientalis ecclesia ab inimicis christiani nominis defensatur et peregrinis locum sanctum, in quo pedes domini nostri Jesu Christi steterunt, visitantibus tam in securo conductu quam in aliis eorum necessitatibus multa benefitia ministrantur. Et quoniam sumptus armorum et cetera necessaria eis usque quaque non suppetunt, necessarium est, ut helemosinis ac benefitiis bonorum hominum sustententur et in suis necessitatibus adiuventur. Verumtamen quidam perversi homines, sicut accepimus, ea que ipsis a peregrinis vel aliis dei fidelibus conferuntur, retinere presumunt et suis usibus applicare. Per apostolica itaque scripta universitati vestre precipiendo mandamus, ut si qui de parochianis vestris ausu temerario

id attemptare presumpserint, de ipsis tamquam de sacrilegis plenam iusticiam iisdem militibus faciatis. Datum Verone XIII Kal. Mart.
Original VII, 4. Regest bei Delaville le Roulx n. 10.

31. 1188. Juli 20. Lateran. Clemens III „quod fratres templi possint suos fratres sepelire cum solitis exequiis mortuorum, nisi fuerint nominatim excommunicati". 1119, 6.

32. *1191. April 16. Papst Clemens III bestätigt den von den Erzbischöfen von Narbonne und Arles in Gemeinschaft mit anderen südfranzösischen Grossen zum Schutz des Landbaues gestifteten Gottesfrieden, welcher der besonderen Aufsicht des Tempelherrenordens unter Gewährung gewisser Vortheile für denselben unterstellt wird.*

Clemens episcopus servus servorum dei venerabilibus fratribus archiepiscopis, episcopis, dilectis filiis abbatibus, principibus atque aliis dei fidelibus, ad quos littere iste pervenerint, salutem et apostolicam benenedictionem. Sicut sacra evangelii testatur auctoritas, qui recipit iustum in nomine iusti, mercedem iusti accipiet. Verumptamen milites templi, quod Jerosolimis situm est, quam specialiter sint omnipotentis dei servitio mancipati et militie celesti connumerati, reverendus eorum habitus iudicat et signum crucis dominice, quod in suo corpore assidue baiulant, manifestat. Ipsi enim ad hoc constituti sunt, ut pro fratribus animas ponere non formident. Dignum igitur est, ut tam preclaris athletis Christi modis omnibus, quibus secundum deum poterimus, providere curemus. Et quidem bone memorie Arnaldus Narbonensis archiepiscopus consilio et consensu illustrium virorum bone recordationis A. comitis Tolosani Bu. comitis Rutenien., Rogerii vicecomitis Bitren. necnon et aliorum nobilium virorum illius terre pro reverentia et sustentatione eorundem militum hanc institutionem in suis partibus confirmavit, quam etiam nuper venerabiles fratres nostri Arelatensis archiepiscopus cum suffraganeis suis et . . . . [1]) episcopus de consilio et consensu illustrium virorum A. regis Aragon., R. comitis Tolosani, ... comitis Fulcalcariensis, Baroli domini Massilien. et aliorum nobilium virorum illius terre deliberatione provida confirmarunt, ut boves et omnia aratoria animalia, bubulci quoque ac boum custodes omnisque apparatus arantium animalium necnon homines et bestie, que semina vel aratrum ad campum detulerint, omni tempore sint secura. Et sicut auctoribus atque defensoribus huiusmodi institutionis peccatorum suorum veniam indulgemus, ita e contrario eiusdem pacis et treugue violatoribus penam anathematis irrogamus, hoc etiam addito, ut in castello vel villa, ubi boves ablati vel furto abducti fuerint intromissi, preter baptisma et penitentias nullum divinum officium celebretur, donec ea, que contra tenorem pacis ipsius treugue surrepta fuerint, ex integro restituantur. Pro unoquoque etiam aratro sextarius frumenti eisdem militibus annualiter persolvatur. Et quoniam nostri officii est ea, que ad pacem atque securitatem fidelium pertinent, constituere et firmare, eandem treuguam atque institutionem auctoritate apostolica confirmamus et ut eam per vestras parrochias nuntietis atque id ipsum a parrochianis vestris fieri faciatis et pariter observari in peccatorum vestrorum remissionem vobis injungimus. Studii autem

---

[1]) Loch im Pergament.

vestri sit, ut per singula castella vel villas idonea persona ad recolligen[dos eos-] dem redditus vestro auxilio per eorundem militum dispositionem statuatur, que nimirum eandem elemosinam fideliter colligat et cum omnibus rebus suis .... pacis et treugue dei defensione consistat. Preterea quemadmodum primum in Pisano ac postmodum in Lateranensi concilio viva voce predecessor [noster beate] memorie papa Innocentius rogavit, ita etiam nos presentibus litteris vos rogamus, ut ad subventionem eorundem militum debite caritatis affectum .... is et tam his quam aliis modis, quibus eisdem servis dei prodesse poteritis, ipsos iuvare ac fovere curetis. Vobis autem archiepiscopis, episcopis et .... endo mandamus, ut si qui contra prefatam constitutionem veniret et eam ausu sacrilego infringere attemptaverit, vestre .... m de ipso iustitiam faciatis. Obedientes vos monitis nostris gratia divina custodiat et de vestre actionis studiis exaltare concedat. Datum Laterani XV. Kal. Maij, pontificatus nostri anno tertio.

Original X, 14. Regest bei Delaville le Roulx n. 11 p. 1190.

33. 1191. August 19. Rome ap. S. Petrum. Coelestin III wiederholt No. 28. 1121, 125'.

34. 1191. December 5. Lateran. Desgl. Ib. 126.

35. 1192. Februar 8. Rome ap. S. Petrum. Coelestin III „bulla, ut clerici idonei ad ecclesias fratrum templi admittantur, cum vacaverint, et ut fructus earum, quam diu ea occasione vacent, usus pro presenti non admittatur." 1119, 9'. Vgl. No. 78. 99.

36. 1192. März 24. Lateran. Derselbe wiederholt No. 33 (28). 1121, 126.

37. „ Juli 6. „ Desgl. Ib. 154'—155'.

38. 1193. November 13. Lateran. Derselbe verbietet den Tempelherrenorden mit Procurationen u. dergl. zu belästigen. = Strehlke No. 402. — Ib. 146. Vgl. No. 62. 65. 69.

39. 1195. August 9. Lateran. Derselbe, „quod possumus jura nostra per testimonium fratrum nostrorum probare". Ib. 87'. = Strehlke 325. Vgl. 148.

40. 1196. September 25. Lateran. Derselbe, „ne quis injiciat manus violentas in fratres templi capiendo vel de equitaturis dejiciendo aut aliter inhoneste tractando seu eos contumeliosis verbis afficiendo". 1119, 9. Vgl. No. 4. 15. 18.

41. 1196. November 21. Lateran. Derselbe, „ut archiepiscopi et episcopi etc. non imponant illicitas exactiones ecclesiis fratrum templi aut eos interdicto supponant". Ibid.

42. 1198. Januar 29. Lateran. Innocenz III wiederholt No. 21. 1121, 106.

43. „ März 8. „ Derselbe wiederholt No. 6. Ib. 89. Vgl. No. 82. 83. 89. 200.

44. 1198. März 10. Lateran. Derselbe „de possessionibus templi". = Strehlke No. 332. Ib. 92. Vgl. No. 117. 174. 226. 247. 269. 271. 275.

45. 1198. März 27. Lateran. Derselbe wiederholt No. 5. (Vgl. 16.) Ib. 92—93.

46. 1198. März 28. Lateran. Desgl. No. 2. Ib. 86.

47. „ „ 30. „ Derselbe empfiehlt den Prälaten den Tempelherrenorden in Betreff der Collekten etc. „Cum dilectis filiis fratribus militie templi etc." = Strehlke No. 314. Ib. 45—48. (Vgl. No. 97. 119. 121'.

133. 140. 186. 196. 203. 211. 219. 236. 250. 252. 290. 299. 301. 309. 321. 327. 336—338.)

48. 1198. April 8. Lateran. Derselbe wiederholt diese Empfehlung. Ib. 80—81'.

49. 1198. Mai 29. Rome ap. S. Petrum. Derselbe „de vicariis ecclesiarum". („Ex parte vestra fuit etc.") = Strehlke No. 338. Ib. 150'. (Vgl. 52:)

50. 1198. Juni 8. Lateran. Innocenz III wiederholt No. 1. Ib. 66'. Vgl. No. 76. 77.

51. *1198. Juli 4. Innocenz III verbietet die Leute des Templerordens zur Theilnahme an Fehden und ähnlichen Kämpfen zu nöthigen.*
Quod homines templi non cogantur ire ad prelium sive bellum commune.

Innocentius s. s. d. venerabilibus fratribus.... Cum de viris ecclesiasticis, quibus plurimum expedire dinoscitur, ut in cunctis actibus suis modum ordinemque conservent, nobis aliqua referuntur, que illos reprehensibiles reddant, paterno dolemus affectu et de ipsorum emendatione curam volumus gerere pastoralem. Significantibus sane dilectis filiis fratribus militie templi accepimus, quod pro communitatibus, que in partibus quorundam vestrum fiunt, magna domibus ipsorum per vos inferantur incommoda, cum homines illorum contra juramentum prestitum super christianos preliaturos ire compellitis, unde et ipsi perniciem incurrunt et iidem fratres ea, que pro defensione christianitatis in transmarinis partibus expendere consueverunt, pro redemptione ipsorum, si capiuntur in prelio, tradere compelluntur. Quod quantum indignum et sacerdotali officio sit contrarium, vestra discretio, si recte sapitis, non ignorat. Volentes igitur in tanto dispendio prenominatis fratribus, sicut debemus, paterna solicitudine providere, discretioni vestre per apostolica scripta mandamus et districte precipimus, quatinus homines eorundem fratrum ad certamina communia ire de cetero non cogatis nec ab eis propter hoc aliquid presumatis exigere, sed ita ipsos sua permittatis libertate gaudere, quod nec ipsi de vobis justam habeant materiam conquerendi nec nos ea requirere districtim compellamur.

Datum Rome apud S. Petrum. 4 Non. Julii, anno pontificatus primo. Ib. 90'. Vgl. No. 245.

52. 1198. Juli 1. Lateran. Innocenz III wiederholt No. 49. Ib. 150.

53. „ „ 4. „ Derselbe „de fidelitate et obedientia". („Dilecti filii nostri fratres militie templi"). = Strehlke 406. Ib. 150'. Vgl. No. 58. 59.

54. 1198. Juli 10. Rome ap. S. Petrum. Innocenz III wiederholt No. 25. Ib. 174. Vgl. No. 61. 86. 125. 172.

55. 1198. November 24. Lateran. Derselbe „de bonis fratribus templi per aliquos in testamento legatis". („Dilecti filii nostri fratres militie templi".) = Strehlke No. 316. Ib. 153'—154.

56. 1198. November 25. Lateran. Derselbe erklärt die von einzelnen bei der Curie erwirkten Privilegien, die denen des Tempelherrenordens widersprechen, für den Orden für unverbindlich. = Strehlke No. 311 u. 405. Ib. 169. Vgl. No. 265. 111. 146.

57. 1199. Januar 2. Lateran. Derselbe nimmt den Tempelherrenorden in seinen Schutz, erlaubt ihm, von wo er will, Geistliche aufzunehmen und

1198. April 8 — 1199. Juni 26. 47

bestätigt ihm das Begräbnissrecht. Ib. 151. = Strehlke No. 329. Vgl. No. 150. 178². 249. 269. 296. 305. 307.

58. *1199. Januar 4. Papst Innocenz III bedroht die die Collekten haltenden Tempelbrüder störenden oder gar austreibenden Pfarrer mit Suspension auf einen Monat.*
De elemosinis et expulsione fratrum templi ab ecclesiis parrochialibus.
Innocentius episcopus s. s. d. venerabilibus fratribus etc. Dilecti filii nostri, fratres militie templi, gravem proposuerunt in auditorio nostro querellam, quam pro sui magnitudine preterire sub silentio non valemus. Accepimus sane, quod quidam vestrum destructioni domus templi, quod dolentes dicimus, intendentes post celebrationem concilii eos beneficio elemosinarum, quas fideles soliti sunt eis ad sustentationem suam et eorum, qui cum ipsis orientalem defendunt ecclesiam, pietatis intuitu erogare, pro sue voluntatis arbitrio privaverunt, litteras, quas pro eisdem elemosinis colligendis ipsis fratribus apostolica sedes indulsit, legere contempnentes et, quod gravius est, eos de parrochiis suis dehonestatos contumeliosis sermonibus expellentes. Ex quo utique facto quanta jactura christianitati proveniat in partibus transmarinis, de facili quilibet potest intueri. Subtractis equidem elemosinis, de quibus arma et equitature predictis fratribus comparantur, fratres ipsi remanebunt inermes et in eos Sarraceni facilius prevalebunt. Quantum igitur saluti sue detrahat et fidei christiane, qui sepedictos fratres contra sedis apostolice constitutionem infestat, nullus vel modicum discretus ignorat. Unde quoniam sustinere in patientia non debemus, ut quod jam dictis fratribus apostolica sedes indulsit, temeritate vel cupiditate cuiuslibet violetur, universitati vestre per apostolica scripta mandamus et districte precipimus, quatinus eos, qui in colligendis elemosinis missi fuerint, in ecclesiis vestris recipientes parrochianos vestros ad eas conservandas sollicitis monitis et exhortationibus inducatis. Si quis autem capellanus seu plebanus fratres ipsos de ecclesiis expulerit, ipsum auctoritate apostolica a divinorum celebratione suspendimus et jubemus per mensem pro tanto excessu manere suspensum. Dat. Lateran. 2 Non. Januarii, pontificatus nostri anno primo.
1121, 65—66.

59. 1199. Januar 5. Lateran. Derselbe „de fidelitate et obedientia". Ib. 150. Vgl. No. 53. 229. 291.

60. 1199. Februar 9. Lateran. Derselbe „bulla, ut confratres templi non trahantur in causam per litteras apostolicas non facientes mentionem de ordine et privilegiis suis". 1119, 9.

61. 1199. April 8. Lateran. Derselbe wiederholt No. 25. 1121, 173'. Vgl. No. 54. 172.

62. 1199. April 9. Lateran. Derselbe „de procurationibus aliisque exactionibus". („Cum ex suscepte amministrationis officio.") Ib. 144. = No. 38. Vgl. No. 65. 69.

63. 1199. Juni 8. Lateran. Desgleichen. Ib. 144'—45.

64. „ „ 26. „ Derselbe befiehlt den Prälaten, den Tempelherrenorden nach Kräften zu fördern, die Donaten desselben nicht zu beeinträchtigen und von den auf Ordenskirchhöfen zu begrabenden nicht mehr als ein Viertel des Nachlasses zu beanspruchen, unter Ausschluss jedoch der Waffen und Pferde; auch dürfen solche den Ordensgeistlichen beichten. = Strehlke 413. 611. Ib. 154. Vgl. No. 92. 105. 112. 116. 122.·163. 176. 199. 204. 227.

65. · 1200. Januar 27. Lateran. Derselbe „de procurationibus et aliisque exactionibus". Ib. 90'—91. = No. 38. Vgl. No. 62. 69.

66. 1200. März 1. Lateran. Innocenz III „de theloneo, pedagio et alia consuetudine non petenda a fratribus templi vel eorum hominibus sub pena excommunicationis". 1119, 9.

67. 1200. März 10. Lateran. Derselbe befiehlt den Prälaten, die vom Tempelherrenorden präsentirten Vicare zu ihren Kirchen zuzulassen, sobald ihnen der nöthige Unterhalt gewährt und das den Bischöfen Gebührende angewiesen ist. „Quanto dilecti filii fratres militie templi." = Strehlke 124. 127. 144. 258. 327. Vgl. No. 70. 87. No. 131. 1121, 151—52.

68. 1200. März 21. Lateran. Derselbe „bulla de tertia parte bonorum hominum fratrum templi in obitu". 1119, 8.

69. 1200. März 23. Lateran. Derselbe wiederholt No. 65. (62. 38.)
70. „ „ 29. „ Derselbe wiederholt No. 67. 1121, 153.
71. „ „ 31. „ Derselbe „de decimis et manuum injectione violenta". = Strehlke 328. Ib. 113'.

72. 1200. April 6. Lateran. Derselbe „de institutione vicariorum in ecclesiis templi et praesentatione fratrum ad alias ecclesias". = Strehlke No. 318. Ib. 85.

73. 1200. April 26. Lateran. Derselbe „de decimis". Ib. 170. = Strehlke No. 404. Vgl. No. 152.

74. 1200. Juni 6. Lateran. Desgleichen. Ib. 169'.
75. „ „ 8. „ Derselbe wiederholt No. 4. Vgl. 15. 18. 40. 83'. Ib. 136.

76. 1200. Juni 9. Lateran. Derselbe wiederholt No. 1. (Vgl. No. 50.) Ib. 152'—53.

77. 1200. Juni 12. Lateran. Derselbe, „quod septima pars penitentiarum indulgeatur benefactoribus et confratribus templi". Wiederholung von No. 1. Ib. 66. Vgl. No. 1. 177. 214. 217. 337.

78. 1201. März 19. Lateran. Derselbe wiederholt No. 35. Ib. 127'.

79. „ April 12. „ Derselbe verbietet den Prälaten, den Tempelherrenorden zu bannen, und weist sie an, sich in allen Streitsachen mit dem Orden klagend an den römischen Stuhl zu wenden. Ib. 273. Vgl. die Wiederholung durch Clemens IV. vom 8. Juni 1265 No. 349. Vgl. 84. 95. 164. 167. 197. 205. 207. 285.

80. 1202. März 23. Lateran. Derselbe wiederholt No. 3. Ib. 67.
81. „ Mai 26. „ Derselbe wiederholt No. 79. Ib. 135.
82. 1203. Februar 20. „ Desgl. No. 6. (Vgl. No. 43. 83. 89.) Ib. 150.
83. „ October 8. Anagni. Desgl. Ib. 67¹. (Vgl. 43. 82. 89.)
84. 1204. December 11. Rome ap. S. Petrum. Derselbe wiederholt No. 79. Ib. 135.
85. 1204. December 20. Rome ap. S. Petrum. Desgl. No. 4. Ib. 136¹.
86. „ „ 21. „ „ „ „ Desgl. No. 25. Ib. 172. (Vgl. No. 54. 61. 90.)

1200. Januar 27 — 1208. Februar 28. 49

87. 1204. December 22. Rome ap. S. Petrum. Innocenz III wiederholt No. 67. Ib. 153. (Vgl. No. 70. 131.)

88. *1204. December 29. Papst Innocenz III befiehlt, die Rechte des Tempelherrenordens in Bezug auf die Besetzung der demselben zugehörigen Kirchen mit Pfarrern nicht zu stören.*

Innocentius episcopus s. s. d. venerabilibus fratribus etc. Cum dilectos filios nostros fratres militie templi consideratione laboris, quem ad christianitatem servandam tolerant in partibus transmarinis, speciali diligamus affectu et quod omnes cultores nominis christiani habere conveniat specialiter commendatos, non est rationi conveniens, ut a viris ecclesiasticis, qui debent laicos ad subveniendum eis inducere, aliquam injuriam patiantur, ideoque universitati vestre auctoritate apostolica prohibemus, ne ecclesie illis concesse et a dioecesanis episcopis confirmate post recessum vel decessum vicariorum vel personarum (?) ab ipsis vel eorum officialibus occupentur, sed infra quadraginta dies post decessum vel recessum eorum ad presentationem fratrum instituantur in eisdem ecclesiis persone ydonee, que episcopis de spiritualibus respondeant et debitam subiectionem exhibeant, fratribus autem sua jura conservent et prebeant illibata. Dat. Rome apud S. Petrum. 4 Kal. Januar. Pontificatus anno septimo. 43. 82. 83. 283.

89. 1205. Juni 5. Lateran. Innocenz III wiederholt No. 6. Ib. 68.

90. „ October 18. Rome ap. S. Petrum. Derselbe wiederholt No. 25. Ib. 172. (Vgl. No. 54. 61. 86. 172.)

91. 1205. October 19. Rome ap. S. Petrum. Desgl. No. 4. Ib. 130. (Vgl. No. 15. 18. 40. 75. 85.)

92. 1205. October 20. „ „ „ „ Desgl. No. 64. Ib. 155.
93. „ „ 20. „ „ „ „ Desgl. No. 21. Ib. 106'. 115'. 144'—45. (Vgl. No. 42.)
94. 1205. October 20. „ „ „ „ Desgl. No. 4. Ib. 130.
95. 1206. April 5. „ „ „ „ Desgl. No. 79. Ib. 135.
96. „ October 27. Lateran. Desgl. No. 6. Ib. 68.
97. „ „ 30. „ Desgl. No. 47.

98 *1208. Februar 28. Innocenz III verbietet den Tempelherren in Frankreich jede Theilnahme an dem dort verderblicher Weise üblichen Beweisverfahren durch gerichtlichen Zweikampf.*

Quod fratres templi in Francia non cogantur ad duellum.

Innocentius episcopus s. s. d. dilectis filiis preceptori et fratribus m. t. in Francia s. et ap. b. Consuetudo quedam, quin potius corruptela in plerisque locis regni Francie, ut accepimus, inolevit, quod videlicet, quando ecclesiarum et aliarum religionum homines de corpore ad alienum dominium se convertunt, si eos vestrum aliqui, quorum ipsi sunt homines, forte conveniunt coram iudice competenti, necesse habent suam per duellum intentionem fundare, alioquin ab actione proposita repelluntur, licet per testes vel alia documenta intentionem huiusmodi velint et valeant legitime comprobare. Cum igitur clerici ecclesiasticeve persone absque sui ordinis periculo duella suscipere nequeant vel offerre, pro eo quod, sive per se sive per alios in duello pugnaverint, ipsos certis penis severitas canonice constitutionis addicit, nos huic prave consuetudini remedio quo possumus obviare volentes et duellorum, presertim cum de rebus ecclesiarum

Prutz, Malteser Urkunden. 4

a personis ecclesiasticis vel contra agitur, penitus interdicere abusum, quo deus temptatur et vera sepius judicia pervertuntur, ut in quibuslibet judiciis omni probationum genere a jure concesso liceat vobis libere uti predicta consuetudine non obstante, auctoritate vobis presentium indulgemus, edicto perpetuo statuentes, ut si aliquibus vestrum in quibuslibet causis per duellum defendere recusantibus causam suam aut in huiusmodi reprobo probationis genere succumbentibus, sententia seu executio quecunque [non val]eat et quicquid ex ea secutum fuerit vel ob ipsam, nullius sit momenti. Nulli ergo omnino hominum etc. Dat. Laterani 2. Kal Mart. pontificatus anno undecimo.

1121, 91—91'. Vgl. No. 316. 318.

99. 1208. October 9. Ferentino. Innocenz III wiederholt No. 35. Ib. 128.
100. „ „ 29. „ Derselbe wiederholt No. 21. Ib. 107.
101. 1210. Februar 7. Lateran. Desgleichen. Ib. 116.
102. „ März 4. „ Desgleichen. Ib. 107.
103. 1211. Februar 8. „ Desgleichen No. 6. Ib. 68.
104. „ März 17. „ Desgleichen No. 21. Ib. 116.
105. 1216. August 2. Perugia. Honorius III wiederhólt No. 64 Ib. 156'.
106. „ „ 11. „ Derselbe wiederholt No. 25. Ib. 173.
107. „ November 26. Rome ap. S. Petrum. Desgleichen No. 4. Ib. 131. Vgl. No. 299.

108. 1216. November 26. Rome ap. S. Petrum. Derselbe „de visitatione et procuratione" — gleichlautend mit Strehlke No. 317. Ib. 92—92'.

109. 1216. December 9. Rome ap. S. Petrum. Honorius III gestattet dem Tempelherrenorden, dass er die Einkünfte seiner Kirchen, nachdem er den Vicarien das zu standesgemässem Leben Nöthige angewiesen, anderweitig verwende; = Strehlke No. 408. Ib. 163'. Vgl. No. 135. 154.

110. 1216. December 10. Rome ap. S. Petrum. Derselbe bestätigt No. 2. Ib. 87.

111. 1216. December 11. Rome ap. S. Petrum. Derselbe wiederholt No. 56
112. „ „ 12. „ „ „ „ Derselbe, „quod fratres templi possint confratres suos sepelire, nisi fuerint excommunicati vel interdicti". = Strehlke No. 331. Ib. 148. Vgl. No. 114.

113. 1216. December 12. Rome ap. S. Petrum. Derselbe wiederholt No. 64. Ib. 157.

114. 1216. December 13. Rome ap. S. Petrum. Desgl. No. 112. Ib. 170.
115. „ „ 13. „ „ „ „ Derselbe verfügt, „quod vicarii ecclesiarum templi alios vicarios instituere non possunt". = Strehlke No. 338. Ib. 164'.

116. 1216. December 13. Rome ap. S. Petrum. Derselbe wiederholt No. 64. Ib. 157.

117. 1216. December 13. Rome ap. S. Petrum. Desgl. No. 44. Ib. 89.
118. „ „ 16. „ „ „ „ Desgl. No. 3. Ib. 147'.
119. „ „ 16. „ „ „ „ Desgl. No. 47. Ib. 82'.
120. „ „ 16. „ „ „ „ Honorius III „de susceptione presbiterorum in servitio templi et de celebratione divinorum ac de sepultura fratrum ac familie eorum" — gleichlautend mit Strehlke No. 336. Ib. 83. Vgl. 147. 268.

1208. October 9 — 1219. November 13. 51

121. 1216. December 19. Rome ap. S. Petrum. Honorius III. wiederholt No. 47. Ib. 82.
122. 1216. „ 20. „ „ „ „ Desgl. No. 64. Ib. 156.
123. 1217. Januar 3. Lateran. Desgl. No..4. Ib. 129'. Vgl. No. 277. 289. 319.
124. „ „ 9. „ Desgl. No. 67. Ib. 162'—63.
125. „ „ 11. „ Desgl. No. 55. Ib. 164.
126. „ „ 18. „ Desgl. No. 4 (s. No. 123). Ib. 129'.
127. „ „ 23. „ Desgl. No. 67. IX, 1. Regest bei Delaville le Roulx n. 12.
128. 1217. Januar 28. „ . Derselbe verbietet von den Tempelherren irgend welche Zehnten zu erheben. = Strehlke No. 407. 1121, 107'. (Vgl. 131. 132. 136. 139. 197. 256.)
129. 1217. Januar 30. Lateran. Derselbe wiederholt No. 25. Ib. 173.
130. „ „ 31. „ Derselbe, „de terris contra Sarracenos acquisitis". = Strehlke No. 415. Ib. 87'. Vgl. 208. 212. 220.
131. 1217. Februar 13. Lateran. Derselbe wiederholt No. 128. Ib. 110. (Vgl. Delaville n. 13.)
132. 1217. März 5. „ Desgleichen. Ibid.
133. „ April 5. „ Derselbe wiederholt No. 47. Ib. 73'.
134. „ December 1. „ Desgl. No. 4. Ib. 130'. (Vgl. 123.)
135. „ „ 12. „ Desgl. No. 109. Ib. 163'.
136. 1219. September 26. Reate. Derselbe wiederholt No. 128. Ib. 110'.
137. „ „ 27. „ Desgleichen No. 5. Ib. 120.
138. „ October 14. Viterbo. Derselbe, „de injectione manuum in fratres templi vel in alios religiosos aut clericos aut seculares". („Ea que pro defensione christiani nominis. sustinetis".) Ib. 124.
139. 1219. October 23. Viterbo. Derselbe wiederholt No. 128. Ib. 111.
140. „ November 13. „ Desgleichen No. 47. Ib. 58'—60.
141. *1219.* November *13. Papst Honorius III erneut die Bestimmung Alexanders III und Innocenz III, dass niemand, und insbesondere nicht der Patriarch von Jerusalem, den Tempelherrenorden ohne besondere päpstliche Vollmacht bannen kann.*

Honorius episcopus servus servorum dei dilectis filiis magistro et fratribus et universe familie domus militie templi salutem et apostolicam benedictionem. Ex autentico bone memorie Innocentii pape predecessoris nostri nobis consistit feliciter evidenter eumdem in felicis recordationis Alexandri pape predecessoris nostri perspexisse contineri, quod movebatur et plurimum gravabatur super eo, quod Jherosolimitanus patriarcha in presbiteros et laicos vestros, quorum alii vobis gratis, alii vero ad solidos serviebant, excommunicationis sententiam protulit et vos etiam excommunicatos esse fateri presumpsit, cum vos et servientes vestri ea libertate de clementia sedis.apostolice gaudeatis, quod a nemine nisi a Romano pontifice excommunicari vel interdici possitis. Ne igitur vobis similia in posterum contingere possint, auctoritate apostolica interdixit, ut nemini liceat sine speciali mandato Romani pontificis vos vel servientes vestros, clericos seu laicos, donec in servitio domus vestre fuerint, excommunicationi vel interdicto subicere. Et si qua sententia in vos vel servientes vestros aliter lata fuerit,

eam irritam censuit et inanem, nihilominus etiam vobis et servientibus vestris indulsit, ut pro excommunicationis seu interdicti sententia, si qua a Jherosolimitano patriarcha vel ab alio quolibet in vos vel in eos sine mandato Romani pontificis lata fuerit, non omittatis ecclesias frequentare aut servitio domus vestre vel divinis officiis interesse, cum huiusmodi sententia irrita sit penitus et inanis. Nos autem eorundem predecessorum nostrorum vestigiis inherentes, que scripta sunt, auctoritate apostolica confirmamus et presentis scripti patrocinio communimus. Nulli ergo etc. Dat. Viterbii Id. Novembr. Pontificatus nostri anno IV°.
Ib. 133'—134.

142. 1220. März 22. Viterbo. Honorius III wiederholt Nr. 5. Ibd. 192'.
143. „ April 17. „ Derselbe wiederholt No. 25. Ib. 173'.
144. „ „ 20. „ Desgleichen No. 3. Ib. 120.
145. „ „ 20. „ Desgleichen No. 128. Ib. 148.
146. „ „ 22. „ Desgleichen No. 56. Ib. 169.
147. „ „ 22. „ Desgleichen No. 120. Ib. 83.
148. „ „ 22. „ Desgleichen No. 39. Ib. 95.
149. „ „ 22. „ Desgleichen No. 67. Ib. 148.
150. „ „ 24. „ Desgleichen No. 57. Ib. 160.
151. „ „ 25. „ Derselbe verbietet den Prälaten, sich aus dem Nachlasse der Leute des Tempelherrenordens etwas anzueignen. = Strehlke No. 335. Ib. 170. Vgl. No. 259. 261.

152. 1220. April 26. Viterbo. Derselbe, „de decimis" wiederholt No. 73. Ib. 148. 270. 311

153. 1220. August 12. ap. Urbem veterem. Derselbe wiederholt No. 4. Ib. 130.
154. „ November 9. Lateran. Desgl. No. 109. Ib. 163'.
155. 1222. Februar 7. „ Derselbe, „bulla de confratria colligenda, et quod fratres templi possunt. suos confratres sepelire more aliorum fidelium, quandoque eos mori contigerit". = No. 1. 1119, 5.
156. 1222. März 1. Anagni. Derselbe wiederholt No. 6. 1121, 68'.
157. „ October 20. Lateran. Desgl. No. 1. Ib. 73'.
158. 1223. October 6. Anagni. Derselbe schreibt dem Tempelherren-Präceptor in Frankreich, dass er die mehrfach vorgekommene Erwerbung von Tempelgütern durch andere Orden, besonders den der Cistercienser, untersagt habe. Vgl. die Wiederholung durch Alexander IV vom 31. Juli 1255 unter No. 264. Ib. 149. (Vgl. 187.) Vgl. 195. 232. 234. 303.
159. 1223. November 13. Lateran. Derselbe, „bulla, ne sententia lata relaxetur fratribus non consultis aut ignorantibus". Ib. 119, 5.
160. 1227. Mai 18. Lateran. Gregor IX wiederholt No. 25. 1121, 172'.
161. „ Juli 28. Anagni. Derselbe wiederholt No. 28 unter Bezugnahme auf No. 33. Ib. 126'.
162. 1227. August 1. „ Derselbe wiederholt No. 1. Ib. 72'—73.
163. „ „ 29. „ Derselbe, „ne aliqui dissipent bona templi contra eorum voluntatem". 1119, 8.
164. 1227. October 5. Anagni. Derselbe wiederholt No. 79. 1121, 134'.
165. „ „ 8. „ Desgl. No. 64. Ib. 155.
166. „ „ 9. „ Desgl. No. 25. Ib. 122.
167. „ „ 9. „ Desgl. No. 79. Ib. 134'.

1220. März 22 — 1229. November 9.   53

168. 1227. October 26. Lateran. Gregor IX wiederholt No. 4. Ib. 193.

169. „ November 3. „ Derselbe, „de confratriis et elemosinis sub penis ibidem scriptis ac etiam de his, que testamento legantur". = Strehlke No. 367. Vgl. No. 182. 206. Ib. 81.

170. 1227. November 9. Lateran. Derselbe wiederholt No. 25. Ib. 134'.

171. „ „ 10. „ Gregor IX gewährt dem Tempelherrenorden das nachmals von Innocenz IV wiederholte (No. 235) Privileg. Vgl. No. 257. 266. Ib. 122'.

172. 1227. November 13. Lateran. Derselbe, „Quieti vestre providere volentes". Ib. 171.

173. 1227. „ 18. „ Derselbe wiederholt No. 28. Ib. 127.

174. „ „ 22. „ Desgl. No. 44. Ib. 89.

175. „ „ 22. „ Derselbe verfügt, „ne aliqui mole stent fratres templi pro delictis servientium suorum". 1119, 8.

176. 1227. November 24. Lateran. Derselbe wiederholt No. 64. Ib. 155'.

177. „ „ 25. „ Desgleichen No. 1 unter Bezug auf No. 77. Ib. 74

178. 1227. „ 25. „ Desgl. No. 57. Ib. 160.

179. „ December 1. „ Desgl. No. 4 mit Bez. auf No. 15. Ib. 93.

180. „ „ 3. „ Desgl. No. 4 m. Bez. auf No. 107. Ib. 131.

181. „ „ 22. „ Desgl. No. 5 mit Bez. auf No. 16. Ib. 93'.

182. 1228. Januar 9. „ Desgl. No. 169. Ib. 69.

183. *1228. Januar 28. Lateran. Gregor IX verbietet, von dem von dem Tempelherrenorden bebauten und insbesondere von dem durch ihn erst urbar gemachten Lande Zehnten zu nehmen.*

Gregorius episcopus servus servorum dei dilectis filiis magistro et fratribus militie templi salutem et apostolicam benedictionem. Sic est acceptum et gratum vestre devotionis obsequium sicque necessarium toti populo christiano, ut petitiones vestras et audiamus libenter et favorabiliter etiam prosequamur. Eapropter, in domino dilecti filii, vestris supplicationibus inclinati auctoritate presentium inhibemus, ut nullus a vobis de novalibus vestris a tempore concilii excultis vel imposterum propriis manibus vel sumptibus excolendis sive de ortis, virgultis, piscationibus, fenis, molendinis et vestrorum animalium nutrimentis decimas exigere vel extorquere presumat. Nulli ergo etc. Dat. Laterano 5 Kal. Februarii, pontificatus anno I⁰.

Ib. 114. Vgl. No. 23.

184. 1228. März 2. Lateran. Gregor IX „ne aliqui recedant ante terminum, qui per juramentum dominorum fratrum templi fideliter deservire promiserunt". 1119, 8.

185. 1228. Juni 29. Perugia. Derselbe, „Ea que pro defensione nominis christiani etc." 1121, 176.

186. 1228. December 15. „ Derselbe wiederholt No. 47. Ib. 78'—79' u. 81.

187. 1229. April 30. „ Desgleichen No. 158. Ib. 112.

188. „ Mai 29. „ Desgleichen. Ib. 112.

189. „ November 8. „ Desgleichen. Ib. 112'.

190. „ „ 9. „ Desgleichen. Ib. 112'.

191. 1230. April 17. Perugia. Gregor IX wiederholt No. 47. Ib. 112'.
192. „ „ 27. „ Desgleichen. Ib. 112'.
193. „ Mai 10. „ Desgleichen No. 79. Ib. 134'.
194. „ September 17. Anagni. Desgl. No. 4 mit Bezug auf No. 107.
195. „ „ 28. „ Derselbe wiederholt No. 158. Vgl. No. 187. Ib. 112'.
196. 1231. December 3. Reate. Derselbe wiederholt No. 47. Ib. 51—52.
197. 1233. März 1. Anagni. Derselbe wiederholt No. 128. Ib. 69.
198. 1234. April 5. Lateran. Derselbe wiederholt No. 2. Ib. 175'.
199. „ „ 7. „ Desgleichen No. 64. Ib. 143. 1119, 7. Vgl. No. 326.
200. 1235. Februar 12. Perugia. Desgleichen No. 43. Ib. 52'.

201. *1235. Juli 25. Accon. Vergleich zwischen den Orden der Tempelherren und den Hospitalitern zu St. Johann, betreffend ihre einander benachbarten Mühlen zu Recordane bei Accon und die Schiffahrtsgerechtigkeit auf dem dortigen Flusse.*

In nomine sancte et individue trinitatis, patris et filii et spiritus sancti. Amen.

Noverint universi presentem paginam inspecturi, quod cum inter venerabilem fratrem A. magistrum domus miliciae templi et fratres eiusdem domus ex una parte et venerabilem fratrem G. magistrum domus hospitalis sancti Johannis Jeresolimitani et fratres eiusdem domus ex altera super aqua et molendinis fluminis Accon, quod descendit ex fonte Recordane questio verteretur et super hoc fuisset diutius altercatum, tandem mediantibus bonis viris de consensu utriusque partis ad infra scriptam pacem et concordiam devenerunt. Videlicet quod magister et fratres templi habeant potestatem retinendi aquam, quae est supra molendina ipsorum, in tantum, quod possit ascendere usque ad signaculum, quod est factum in molendinis hospitalis, et si volunt eam permittere uberius discurrere, hoc sit in eorum beneplacito voluntatis. Et si contingeret, quod opere ipsorum aqua prefata transiret signaculum memoratum, ipsi ad requisitionem hospitalis hoc debent sine dilatione aliqua emendare. Et si fortassis per pluviam vel per tumedinem fluminis aqua excresceret memorata, ex hoc templarii in aliquo non tenentur. Magister vero hospitalis et fratres templariis promiserunt, quod ipsi pro malo templi non retinebunt aquam nec ipsam dimittent uno ictu insimul discurrere pro malo seu damno ipsius domus templi. Utraque vero domus tam templi quam hospitalis habeat plenariam potestatem ducendi de Accon libere barchas suas usque ad reclusam molendinorum templi et ibidem hospitalarii possint exhonorare quicquid illud veherint *(sic)* et honerare in barca ipsorum, quam habuerint supra prenominatam reclusam causa eundi et veniendi libere usque ad propria molendina, hoc sane intellecto, quod hospitalarii possint habere a prenominata reclusa inferius unam barcham et superius aliam barcham et in aqua eorum, si voluerint, habeant plures, ita quidem, quod si occasione barcharum hospitalis in reclusa templi dampnum aliquod fuerit irrogatum, domus hospitalis illud dampnum debeat resarcire. Neutra vero domorum debet aliquod opus vel aliquid aliud facere, propter quod barche predicte eundi et veniendi libere

1230. April 17 — 1244. September 27. 55

possint amittere cursum suum eo modo, quo superius `est expressum. Et si templarii voluerint elevare ripas fluminis in terra hospitalis, possint eas, ubi alte sufficienter non fuerint, elevare scilicet usque ad punctum signaculi prelibati. In cuius rei testimonium ad eternam rei memoriam retinendam ambe partes presentem paginam scribi fecerunt et sigillis propriis sigillare, rogantes venerabiles fratres H. Nazarenum archiepiscopum et R. Acconensem episcopum et nobilem virum M. connestabulum regni Jerosolimitani, quod hanc eandem paginam suorum sigillorum munimine roborarent, qui ad ipsarum partium instantiam suis munierunt sigilis. Acta sunt haec in civitate Acconensi anno domini M⁰CC⁰ tricesimo quinto mense Julii in die beati Jacobi apostoli.

    Original V, 16. Gedruckt Delaville n. 17.

202. 1236. October 7. Reate. Gregor IX wiederholt No. 25. Ib. 172'.
203. 1237. März 10. Interamna. Derselbe wiederholt No. 47. Ib. 80.
204. „ April 13. Viterbo. Desgl. No. 25. Ib. 173.
205. 1239. Februar 18. Lateran. Desgl. No. 79. Ib. 135.
206. 1243. December 4. „ Innocenz IV wiederholt No. 182 (= 169). Ib. 81.
207. 1243. December 8. „ Desgl. No. 79. Ib. 135.
208. „ „ 10. „ Desgl. No. 130. Ib. 89.
209. 1244. Februar 5. „ Derselbe, „bulla, ut fratres templi non trahantur in causam per literas apostolicas non facientes mentionem de ordine et privilegiis suis." 1119, 7.

    210. *1244. Februar 5. Lateran. Innocenz IV wiederholt die Bestimmung Honorius III, dass päpstliche Erlasse auf den Tempelherrenorden nur Anwendung finden, wenn dieser ausdrücklich als darunter begriffen genannt ist.*

    Quod nequimus per litteras apostolicas conveniri, que de ordine nostro non fecerint mentionem.

    Innocentius episcopus etc. dilectis filiis magistro et fratribus m. t. Jeros. s. et ap. b. Cum ordinis vestri titulus per dei gratiam adeo sit insignis, quod vix creditur ab hiis, qui contra vos litteras impetrant, sine malicia subticeri, nos et illorum fraudibus obviare et vestram innocentiam volentes favorabiliter confovere ad instar felicis recordationis Honorii pape predecessoris nostri auctoritate vobis presentium indulgemus, ut nequeatis per litteras apostolicas conveniri, que de ordine vestro non fecerint mentionem. Nulli ergo etc. Dat. Laterani Non. Februarii, pontificatus anno I.

    1121, 171.

211. 1244. März 8. Lateran. Innocenz IV wiederholt No. 47. 1121, 80—81.
212. „ „ 29. „ Desgl. No. 130. Ib. 88.
213. „ April 8. „ Desgl. No. 6. Ib. 64.
214. „ „ 12. „ Desgl. No. 77. Ib. 75.
215. „ „ 16. „ Desgl. No. 118 = No. 3. Ib. 83'.
216. „ „ 16. „ Desgl. No. 16 = 5. Ib. 93.
217. „ „ 18. „ Desgl. No. 77. Ib. 75.
218. „ „ 18. „ Desgl. No. 16 = 5. Ib. 93.
219. „ „ 26. „ Desgl. No. 47.
220. „ September 22. Genua. Desgl. No. 130.
221. „ „ 27. „ Innocenz IV „ut fratres templi relin-

quentes habitum propria temeritate ad eos retinendos vinculo excommunicationis innodentur". 1119, 7.

222. 1244. September 30. Genua. Innocenz IV, „quod prelati in domibus Templariorum ipsis invitis non debeant hesitari". 1119, 7.

223. 1245. Januar 18. Lyon. Derselbe bestimmt: „quod nullus delegatus vel subdelegatus sive conservator possit sive potest interdicere seu excommunicare fratres templi absque mandato speciali sedis apostolicae faciente plenam de hac facultate mentionem." Ib. 7. · Vgl. Strehlke No. 487 u. 489.

224. *1245. Februar 28. Lyon. Innocenz IV bestimmt, dass auch von den ausserhalb der Ordensländereien gehaltenen Heerden des Tempelherrenordens keine Zehnten an Wolle u. s. w. erhoben werden dürfen.*

Innocentius episcopus servus servorum dei dilectis filiis magistro et fratribus templi Jherosolimitani salutem et apostolicam benedictionem. Ex parte vestra propositum fuit coram nobis, quod, licet ordini vestro a sede apostolica sit indultum, ut a prestatione decimarum de animalibus vestris et nutrimentis, lana et lacte ipsorum omnino sitis immunes, nonnulli tamen occasionem ex eo indebitam assumentes, quod interdum extra domos vestras ad certum tempus animalia vestra datis, eorum custodibus de lana et lacte ipsorum certam portionem interim percepturis a vobis de portione, que vos contingit, decimam exigunt et extorquent. Quare nobis humiliter supplicastis, ut salubre super hoc remedium adhibere paterna sollicitudine curaremus. Nos igitur vestris postulationibus benignum impertientes assensum, ut nullus a vobis hac occasione de cetero de predictis decimas exigere vel extorquere presumat, auctoritate presentium districtius inhibemus. Nulli ergo omnino hominum liceat etc. Datum Lugduni 2. Kal. Marcii. Pontificatus anno secundo.

1121, 108.

225. 1245. April 5. Lyon. Innocenz IV wiederholt No. 118 = 3. Ib. 83'.
226.   „   August 13.   „   Desgl. No. 44. Ib. 164—65.
227.   „   „   20.   „   Desgl. No. 64. Ib. 155.

228. *1245. August 25. Lyon. Innocenz IV verbietet, dass von den auf gemiethetem oder auch unentgeltlich überlassenem Lande weidenden Heerden des Ordens der Zehnte an Wolle, Milch etc. erhoben werde.*

Innocentius episcopus servus servorum dei dilectis filiis magistro et fratribus militie templi Jherosolimitani. Ex parte vestra fuit propositum coram nobis, quod, licet per privilegia et indulgentias sedis apostolice a prestatione decimarum de animalibus vestris et agnis, lana, lacte et nutrimentis eorum immunes penitus existatis, nonnulli tamen ex hiis, qui decimas percipiunt in locis, in quibus dicta animalia pasci et custodiri contingit, occasionem ex eo indebitam assumentes, quod loca ipsa interdum conducitis, quamquam aliquando vobis ab aliquibus Christi fidelibus pro liberalitate sine precio concedantur, a vobis et vestris custodibus de predictis animalibus et agnis, lana, lacte et nutrimentis eorum decimas exigunt et extorquent in apostolice sedis injuriam et contemptum et vestrum non modicum prejudicium et gravamen. Quare nobis humiliter supplicastis, ut providere vobis super hoc paterna sollicitudine curaremus. Vestris itaque supplicationibus benignum impertientes assensum, ut de predictis hac occasione vel alia contra indulta privilegiorum et indulgentiarum sedis apostolice

1241. September 30 — 1249. März 21.   57

nullus a vobis seu predictis aliis decimas exigere vel extorquere presumat, auctoritate presentiam districtius inhibemus. Nulli ergo etc. Dat. Lugduni 8. Kal. Sept. Pontificatus anno tertio.
  1121, 65. Vgl. No. 231. 251.

229. 1245. September 18. Lyon. Innocenz IV wiederholt No. 59. Ib. 157.
230.   „   „   20.   „   Desgl. No. 183. Ib. 114.
231.   „   October 5.   „   Desgl. No. 228. Ib: 113'—114.
232. 1246. Januar 8. Lyon. Desgl. No 158. 1120,143. Vgl. No. 274. 303. 324.
233.   „   Mai 10.   „   Desgl. No. 25.
234.   „   Septbr. 9.   „   Desgl. No. 232.

235. *1246. October 27. Lyon. Innocenz IV verbietet die von manchen Pfarrern verhängte Excommunication der auf den Mühlen des Tempelherrenordens ihr Getreide mahlenden, weil die Tempelherren durch den Verkehr mit diesen dann ohne weiteres der Excommunication verfallen, diese aber nur der Papst gegen sie verhänge.*

Innocentius episcopus s. s. d. venerabilibus fratribus archiepiscopis et episcopis, in quorum dioecesibus ecclesie et domus militie templi consistunt, sal. et ap. ben. Quanto amplius iusticie esse debetis zelatores, tanto magis dedecet facere fraudem legi et presertim in apostolice sedis injuriam et contemptum. Sane dilecti filii magistri et fratres militie templi gravem nobis querimoniam obtulerunt, quod quidam vestrum et eorum officiales, cum in eis non possint excommunicationis et interdicti proferre sententias, eo quod super hoc apostolice sedis privilegio sunt muniti, in homines eorum et eos, qui molunt in molendinis vel coquunt in furnis eorum quique vendendo seu emendo vel alias eis communicant, sententias proferunt memoratas et sic apostolicorum privilegiorum non vim et potestatem, sed sola verba servantes ordinis dicti fratres quodammodo excommunicant et cum eis alios communicare non sinunt. Ex quo illud evenit inconveniens, ut ipsi fratres, quantum ad hoc iudicentur iudicio Judeorum, et qui eis communicat in predictis, maiorem excommunicationem incurrunt, quin etiam excommunicatis communicando fuerant incursuri. Nolentes igitur his crebris ad nos clamoribus iam prolata ultionis sub dissimulatione transire vobis universis et singulis ad instar felicis recordationis Gregorii pape predecessoris nostri per apostolica scripta mandamus, quatinus huiusmodi sententias in fraudem privilegiorum nostrorum de cetero non feratis. Quod si super hoc ad nos denuo clamor ascenderit, non poterimus conniventibus oculis pertransire, quin promulgatores talium sententiarum severitate debita castigemus. Datum Lugduni 6 Kal. Novembris pontificatus nostri anno quarto.
  1121, 136. Vgl. No. 171. 266. 301.

236. 1248. Mai 28. Lyon. Innocenz IV wiederholt No. 47. Ib. 143.
237. 1249. Februar 24.   „   Desgl. No. 25. Ib. 172'.
238.   „   Juli 15.   „   Derselbe bestimmt, „ut liceat fratribus templi habere capellas, campanilia et campaneas in domibus suis." 1119, 7.

239. 1249. November 20. Lyon. Derselbe befiehlt, „ne liceat alieni vendere, dare aut quocunque modo alienare feuda templi sine licentia ipsorum." Ib. 7 u. 9.

240. 1249. März 21. Lyon. Derselbe wiederholt No. 25. Ib. 172'.

241. 1249. October 23. Perugia. Innocenz IV bestimmt, „ne homines templi pro excessibus suis per archidiaconos, diaconos vel suos officiales pena pecuniaria puniantur". = Strehlke No 339. 1121, 121'. Vgl. No. 292. 308.

242. 1252. [Tripolis?] „Salvus conductus datus a magistro fratre Thoma Berard et conventu templariorum quibusdam particularibus in eo nominatis, qui cum principe Assassinorum aliquibus de rebus contendebant, ut possint dicti particulares libere ad fortalitium templi nuncupatum in comitatu Tripolis [ms. Templi] situm venire et in eo permanere, donec lites, quas contra dictum principem Assassinorum habebant, a 13 judicibus ibi congregandis decisae forent, quorum judicio si princeps iste stare recusaret, ipsi templarii dictum principem ad executionem judicii armata manu compellere promittebant."

Sachent tuit cil qui sunt et serunt, que nos, frere Thomas Berard, par la grace de dieu humle maistre de la chevalerie dou temple, par le conseil et la volente et lotroi de notre covent avons otroie et somes tenus nos et notre dit covent et nos successors apres nos a vos, Henri seignor de Gibeleth, Guillaume seignor de Botron, Melleir seignor de Mareclea, les enfans Bertrand de Gibeleth, Jehan mareschau de Triple, Jehan Pharabel seignor dou Pui, Hugue Laleman, Thomas Arca, Raimond de Maraclee, Baudoin de Mont Olif, Johan visconte de Triple, Huge Embriac, Gui dou Patriarche, Raimont de Dedde, Johan de Flaencort, Bertrant Faisan, Pierre Loup, Phelippe Estomac, Hue de Mareclee, Pierre de Lator, Johan Darches et Jaques de Thabore et a vos homes et a vos hers, que totes les fois que vus les devant nomes o vos homes o vos hers auroit a requere ou a demander au prince ou ses homes ou a gens de Triple per quelque contens ou querelle que ce fust, que vos puissiez aler et venir et demorer a Triple tant que vos aiez finees vos querelles et que vos et vos homes et vos hers seiez en notre garde et en la garde de notre maison et de notre covent et a notre conduit et en notre seurte alant et venant et demorant a Triple eaus et ciaus qui vos seront mest' ou porront aver mest' a ce qui vos requerriez ou demandereiz et les VI, qui doivent connaistre ou jugier les dittes requettes ou demandes, qui seront mis par les devans nomes sunt en notre guarde et en notre conduit et en notre seurete et de notre dite maison et de notre covent tot ausi que il est desus dit des autres et peuent aler et venir et demorer a Triple totes les feis que il leur sera mest' conoistre et de jugier aucunes des requestes ou demandes, si come il est desus dit. Et le treszime se il est de la partie des desus motis ausi et XIII devant dit doivent estre asamble dedens les XV jors que lune des parties ou aucun de la partie auroit requis ou fait requerre lautre partie se les parties sunt ou conte de Triple et si aucune de les estoit hors du conte de Triple que il ieust terme de XL iors en la maniere que il est desus devise de XV iors et se le prince ou celui qui servit en son leu ne les voloit assambles dedens le dit terme si come il est desus devise nos et notre covent somes demis de contraindre le prince ou celui qui sera en son leu totes guise tant que il les ait assambles dedans la quinzaine, se il est el conte de Triple et se il estoit hors del conte que il les eust assambles dedens XL iors sans aucune autre delay et ce que les XIII ou les plus grant partie deaus coneistront ou diront par esgard ou par jugement des devant dites requestes ou demandes se le prince ne le vout tenir ni acomplir, nos et notre dit covent et nos successors somes tenus de constraindre le dit prince en totes manieres tant que il lait tenu et acompli enteriment ce que il auront dit. Et par ce que nos volons que totes ces choses si come elles sont devises totes ensemble et chascune par soi soient tenues et maintenues fermes et ettables les V ans complis, les quel V ans commencierent el mois de mai prochain passe et a greignor seurte dou fait, nos avons fait faire cest present previlege par lotroi et la volente et le conseil du notre dit covent et lavons fait ceeler de notre bole de plumb de la tube ou la guarentie de nos freres, despues ce sont les noms, cest asavoir frere Rocelin de Fox, frere Jofroiz de Fox, frere Amblarz, frere Amfox Gomes compaigne dou maistre, frere Martin Senchens, frere Gilbert Alboin. Ce fu fait l'an del incarnation notre seignor Jhe Christ MCCLII el moi d'octobre.

Original 18, 1. Bei Delaville n. 19.

243. *1253. October 27. Lateran. Innocenz IV befreit den Tempelherrenorden in Aquitanien von den Abgaben, die von dem zu seinem Bedarf angekauften Getreide u. s. w. zu entrichten wären.*

Innocentius episcopus servus servorum dei preceptori et fratribus militie templi in Aquitania salutem et apostolicam benedictionem. Solet annuere sedes apostolica piis votis et honestis petentium precibus favorem benivolum impertiri. Eapropter, dilecti in domino filii, vestris justis postulationibus grato concurrentes assensu, ut de blado, vino, lana, lignis, lapidibus et aliis, que aliquotiens pro vestris utilitatibus emere vos contingit, nulli pedagia, vinagia, minagia et roagia, que pro his a secularibus exiguntur, solvere teneamini, auctoritate vobis presentium indulgemus. Nulli ergo etc. Datum Laterani, 6 Kal. Novembris, pontificatus nostri anno XI°.

1121, 176. Vgl. No. 325.

244. 1253. März 2. Neapel. Alexander IV, „Bulla per constitutionem Innocentii pape IV, quod tam exempti quam non exempti possint conveniri coram ordinariis ratione delicti vel contractus, de quo contra ipsos agitur, libertatibus templi nullum prejudicium generatur". 1119, 10.— 10'. Vgl. No. 255. Bei Ferreira 901—2.

245. 1253. März 2. Neapel. Derselbe erneut das Verbot des Zweikampfs für die Tempelherren. No. 51. 1121, 92.

246. 1253. April 8. Neapel. Derselbe wiederholt No. 28. Ib. 108'.
247. „ Juni 3. Anagni. Desgl. No. 44. Ib. 89'.
248. „ „ 4. „ Desgl. No. 1. Ib. 16. 71—72.
249. „ „ 30. „ Desgl. No. 57. Ib. 60—61. Vgl. No. 296.
250. „ Juli 1. „ Desgl. No. 47. Ib. 80.
251. „ „ 6. „ Desgl. No 228. Ib. 114.
252. „ „ 6. „ Desgl. No. 47. Ib. 80.
253. „ „ 6. „ Desgl. No. 4. Ib. 130.
254. „ „ 7. „ Desgl. No. 21. Ib. 116.

255. *1255. Juli 11. Anagni. Alexander IV bestätigt die Exemption des Tempelherrenordens von der sonst auch für die Eximirten geltenden geistlichen Gerichtsbarkeit.*

Alexander episcopus servus servorum dei dilectis filiis magistro et fratribus militie templi Jerosolimitani s. et ap. b. Cum felicis recordationis Inno-

centius papa predecessor noster olim duxerit statuendum, ut exempti quantumcunque gaudeant libertate, nichilominus tamen ratione delicti seu contractus aut rei, de qua contra ipsos agitur, rite possint coram locorum ordinariis conveniri et illi, quoad hoc suam in ipsos jurisdictionem, prout jus exigit, exercere, vos dubitantes, ne per constitutionem huiusmodi libertatibus et immunitatibus vobis et ordini vestro per privilegia et indulgentias ab apostolica sede concessas prejudicari valeat, nobis humiliter supplicastis, ut providere super hoc indempnitati vestre paterna sollicitudine curaremus. Quia vero eiusdem ordinis sacra religio vos sic apud nos dignos favore constituit, ut nobis votivum existat, vos ab omnibus, per que vobis possint provenire dispendia, immunes libenti animo preservare, auctoritate vobis presentium indulgemus, ut occasione constitutionis huiusmodi nullum eisdem libertatibus et immunitatibus imposterum prejudicium generetur. Nulli ergo etc. Dat. Anagnie 5. Id. Augusti pontificatus anno I.
1121, 165'. Vgl. No. 244.

256. 1255. Juli 12. Anagni. Alexander IV wiederholt No. 128. Ib. 108.
257. „ „ 14. „ Derselbe wiederholt No. 171 (235). Ib. 123.
258. „ „ 14. „ Desgl. No. 67 unter Bezug auf No. 127. Ib. 139.
259. „ „ 18. „ Desgl. No. 151. Ib. 110.

260. *1255. Juli 18. Papst Alexander IV gewährt denjenigen, die dem in Folge seiner Betheiligung an dem unglücklichen ägyptischen Zuge Ludwigs IX von Frankreich arg geschwächten und drückend verschuldeten Tempelherrenorden mit Geld etc. helfen, denselben Ablass, der den persönlich nach Palästina ziehenden von P. Innocenz gewährt worden ist.*

Recommendatio pro collectis faciendis.

Alexander episcopus servus servorum dei venerabilibus fratribus archiepiscopis et episcopis et dilectis filiis abbatibus, prioribus, decanis, archidiaconis, archipresbiteris et aliis presentes litteras inspecturis salutem et apostolicam benedictionem. Cadere debet super omnium corda fidelium frequens dilectorum filiorum magistri et fratrum domus militie templi Jherosolimitani . . . , si quis cogitationibus cogitetur et ad compatiendum eis ac pro viribus succurrendum omnes, qui aliqua humanitatis gestant viscera, efficaciter invitare. Ipsi quidem pro universo christiano populo contra fidei catholice inimicos in partibus Jerosolimitanis, ubi redemptor noster in salutis humane pretium sanguinem suum fudit, continuas excubias observantes, ne terra illa eodem sanguine consecrata infidelium dominio in totius christianitatis opprobrium et christianorum periculum totaliter prophanetur, adversus continuos adversariorum insultus diei et estus pro ceteris cause communis consortibus pondus portant et vitam suam pro salute omnium exponere non verentes temporibus preteritis, quorum recens adhuc exstat memoria, multas personarum strages et immensa rerum dispendia pertulerunt. Non enim communis fama subticuit eis, qui presentialiter non viderunt, quod a quindecim annis citra predicte domus fratres et homines fere usque ad internecionem novissimam hostilis impetus ter assumpsit eorumque facultates sic in equis, armis et bonis aliis fatigavit, quod nisi dominus, qui laternam eorum non permittit extingui, semen modicum in paucis superstitibus fratribus non reservasset, cecidisset omnino illa celebris columpna fidei orthodoxe et quasi ad oppressionem eorum manus infidelium parum valida videretur. Addidit crucis persecutoribus quondam Fridericus olim imperator tyrannidis sue robur ipsum magistrum et fratres possessionibus et redditibus, quos habent in regno Sicilie, nequiter spoliando eosque detinendo pro iniquitatis sue injusticiam diutius occupatos, quibus adhuc incumbant pristine malignitatis reprobi successores, ut taceamus, quot fratres omiserint, quanta bona perdiderint in illa flebili strage, quam carissimum in Christo filium nostrum regem Francorum illustrem cum christiano populo ex occulta dispensatione divini iudicii incurrisse non absque dolore et gemitu memoramus. Verum ad tot reparanda domus predicte dispendia et reparanda tam enormia divine substancie detrimenta, ipsi magister et fratres tamquam viri constantes, tenaces propositi et adversitatem congressibus viriliter reluctantes dura excogitavere remedia, per que imminentibus facultatum suorum defectibus obvietur. Ut enim domus ipsorum pene successa repulluletur ipsiusque fere dejecta potentia vigore pristino reformetur, attenuant per indictam sibi censuram realis parsimonie vires suas in artam corpora sua brevioris victus angustiam redigentes ac privatis detrahentes necessitatibus, unde publice utilitatis negotium convalescat nec per inflictam sibi sponte necessariorum indigentiam fratres ipsi circa predicte terre negotium remittantur, quin prefato regi et exercitui christiano assistant assidue et continue collaborent, vite non ociose militiam in castrensibus occupationibus transigentes pro zelo publici commodi quietis proprie commoditatibus abdicatis. Cum itaque domus ipsa sub hiis et gravium debitorum, que propter hec subiit, gravibus sarcinis nequeat diutius respirare, nisi fidelium caritativis largitionibus adjuvetur, quin potius timeatur, quod graviter sit casura, nisi dominus supponat manum suam, nos, ut tantum nominis christiani falcimentum et tam validum propugnaculum, quod contra hostes fidei divina exegit dispositio, non vacillet, cupientes remedium adhibere, universitatem vestram rogamus, monemus et hortamur attente per apostolica scripta mandantes vobis, quatinus opus domini adjuvantes subditos vobis populos et Christi fideles, ut fratribus dicte domus ad exentrationem debitorum huiusmodi manus porrigant adjutrices, per vos et alios monere attentius ac sollicite inducere singuli procuretis. Itaque eadem 'domus ab imminenti sibi ruina liberari ac iidem fideles una vobiscum per hec et alia bona, que domino inspirante feceritis, ad eterne possitis felicitatis gaudia pervenire. Nos enim de omnipotentis Dei misericordia et beatorum Petri et Pauli, apostolorum eius, auctoritate confisi ac illa, quam nobis deus licet indignis ligandi atque solvendi contulit potestatem, omnes, qui eisdem fratribus de bonis sibi a deo collatis caritativum et competens ad hoc subsidium largiantur, ad instar felicis recordationis Innocentii pape predecessoris nostri volumus atque concedimus, quod vos diligentius exponatis eisdem, illius remissionis esse participes juxta quan titatemsubsidii et proprie devotionis affectum, que transfretantibus in terre sancte subsidium a sede apostolica est concessa. Dat. Anagnie 15. Kal. Augusti. Pontificatus anno I⁰.

1121, 140—141.

261. 1255. Juli 19. Anagni. Alexander IV wiederholt No. 151. Ib. 109.

262. *1255. Juli 23. Papst Alexander IV wiederholt das Privileg Alexanders III, das dem Tempelherrenorden Geistliche zu halten und in seinen Conventen fungiren zu lassen erlaubt und die Stellung derselben regelt.*

De susceptione clericorum et sacerdotum in religione templi.

Alexander episcopus servus servorum dei venerabilibus fratribus patriarchis, archiepiscopis, episcopis et dilectis filiis clericis et laicis dei fidelibus, ad quos littere iste pervenerint, salutem et apostolicam benedictionem. Quam sit utilis et necessaria non solum orientali, verum etiam universali dei ecclesie sacra templi Jerosolimitani militia, cum universus fere orbis liquide recognoscat, discretioni vestre, prout credimus, non exstat incognitum. Ipsius igitur laudabilia studia et sacrum propositum debitis amminiculis prosequi et, quantum in nobis est, auxiliante domino ad meliora provehere et suscepti regiminis cura nos impellit et fraterna caritas subministrat. Proinde inter cetera, quae eis nostre sunt auctoritatis privilegio confirmata, nichilominus eis licentiam dedimus honestos clericos et sacerdotes secundum deum, quantum ad eorum scientiam ordinatos, undecunque ad eos venientes suscipere et tam in principali domo eorum quam etiam in obedientiis suis et locis sibi subditis secum habere, dummodo si e vicinio sunt, eos a propriis episcopis expetant iidemque nulli alii professioni vel ordini teneantur obnoxii. Quodsi episcopi eos concedere forte noluerint, nichilominus tamen auctoritate sancte Romane ecclesie eos suscipiendi et retinendi licentiam habeant. Si vero aliqui eorum post factam professionem turbatores religionis aut domus seu etiam inutiles apparuerint, liceat vobis eis licentiam dare et loco eorum alios idoneos substituere, qui etiam unius anni spacio in eorum societate probentur, quo peracto, si mores eorum hoc exegerint et ad eorum servitium utiles inventi fuerint, tunc demum professionem faciant regulariter vivendi et magistro suo obediendi, ita tamen, ut eundem victum et vestitum habeant necnon lectisternia, excepto eo, quod clausa vestimenta portabunt. Sed nec ipsis liceat de capitulo vel cura domus sue se temere intromittere, nisi quantum ab eis ipsis fuerit injunctum. Curam quoque animarum tantum habeant, quantum ab ipsis fuerint requisiti. Preterea nulli persone extra suum capitulum sint subjecti, quin potius dilecto filio magistro et prelato suo eiusque successoribus in omnibus et per omnia deferant obedientiam. Precipimus insuper, ut ordinationes eorum clericorum, qui ad sacros ordines fuerint promovendi, a quocunque maluerint catholico episcopo suscipiant, siquidem gratiam apostolice sedis habuerint, qui nimirum nostra fultus auctoritate, quod postulatur, indulgeat. Eosdem vero pro pecunia vel auro predicare ipsosque pro eiusmodi causas mittere interdicimus, nisi forte magister templi, qui pro tempore fuerit, certis ex causis id faciendum esse providerit. Quicunque sane ex his in eorum collegio suscipientur, stabilitatem loci, conversionem morum seque militaturos domino diebus vite sue sub obedientia magistri templi posito scripto super altare, in quo contineantur ista, promittant. Quocirca ad instar felicis recordationis Alexandri pape predecessoris nostri universitati vestre presentium auctoritate mandamus et mandando precipimus, quatinus super hiis vel aliis, que ipsis per nostra privilegia sunt roborata, nullam eis contrarietatem vel molestiam inferatis aut ab aliis permittatis inferri, quin potius, si beati Petri et nostram gratiam cupitis obtinere, hec ipsa irrefragibiliter observetis. Dat. Anagnie 10 Kal. Augusti, pontificatus anno I.

1121, 158′—59.

263. 1255. Juli 26. Anagni. Alexander IV „de occulte verberantibus". „Significarunt nobis dilecti filii fratres militie templi." = Strehlke No. 414.

264. *1255. Juli 31. Anagni. Alexander IV verbietet die Erwerbung von Tempelgütern in Frankreich durch andere Ordensleute, besonders Cistercienser.*

Alexander episcopus servus servorum dei dilectis filiis magistro et

1255. Juli 26 — September 6. 63

fratribus militie templi in Francia salutem et apostolicam benedictionem. Cum, sicut ex parte devotionis vestre fuit auribus nostris intimatum, quidam abbates, priores et monachi Cisterciensis ordinis et alii viri religiosi terras, possessiones et redditus ad vestrum dominium pertinentes a vestris hominibus comparare et appropriare sibi vobis invitis in vestrum gravamen et prejudicium non formident, nos vobis et vestri dominii indempnitatibus precavere, quantum cum deo et honestate possumus, cupientes, ne talia de cetero ab aliquibus attemptentur, ad instar felicis Honorii pape predecessoris nostri auctoritate presentium districtim inhibemus. Nulli ergo omnino hominum liceat etc. Dat. Anagnie 2 Kal. Augusti. Pontificatus anno I.

1121, 139'—140. Vgl. No. 158. 279.

265. 1255. August 1. Anagni. Alexander IV „quod si littere contra privilegia nostra *(sic)*, nullum nobis inde generetur detrimentum". = No. 56. Ib. 139.

266. 1255. August 1. Anagni. Derselbe, „bulla, ne fratres templi teneantur discipline judicis alicuius, si littere fuerint obtente contra eorum privilegia". 119, 10'.

267. 1255. August 3. Anagni. Derselbe wiederholt No. 14. 1121, 118:
268. „ „ 7. „ Desgl. No. 116. Ib. 83'—84.
269. „ „ 10. „ Desgl. No. 44. Ib. 90.
270. „ „ 11. „ Desgl. No. 152. Ib. 166.
271. „ „ 20. „ Desgl. No. 44. Ib. 90.
272. „ „ 25. „ Desgl. No. 21. Ibid.
273. „ „ 30. „ Desgl. No. 235. Ib. 61—62.
274. „ September 1. „ Desgl. No. 232. Ib. 102'—3.
275. „ „ 2. „ Desgl. No. 44. Ib. 89'.

276. *1255. September 6. Papst Alexander IV untersagt die von etlichen Pfarrern verfügte Ausschliessung der Frauen von Leuten der Templerorden von der kirchlichen Danksagung nach dem Wochenbett und derselben und der Kinder vom kirchlichen Begräbniss.*

De gratiarum actione post partum et sepultura mulierum et puerorum hominum mansionariorum et confratrum templi.

Alexander episcopus s. s. d. dilectis filiis magistro et fratribus domus militie templi Jerosolimitani salutem et apostolicam benedictionem. Solet annuere apostolica sedes piis votis et honestis petentium precibus favorem benivolum impertiri. Ex parte siquidem vestra fuit propositum coram nobis, quod nonnuli prelati et eorum officiales ac etiam ecclesiarum parochialium rectores mulieres hominum et mansionariorum ac confratrum vestrorum et alias mulieres terre domus vestre post partum ad agendas gratias ad eorum ecclesias accedentes et tam ipsas, si decesserint, quam infantes earundem necnon et alios pupillos predicte terre, cum moriuntur, ad ecclesiasticam sepulturam in vestrum prejudicium non admittunt, occasionem pretendentes ex eo, quod mariti mulierum et patres infantium et pupillorum predictorum aliqua sunt excommunicatione ligati, quamquam mulieres ipse maritis et pupilli patribus in crimine non communicant et antea nec mulieres ipse nec infantes seu pupilli prefati nominatim excommunicati fuerint vel etiam interdicti. Quare nobis supplicastis, ut providere super hoc tam vobis quam ipsis paterna sollicitudine curaremus. Nos igitur vestris supplicationibus inclinati, ut nullus predictorum mulieres ipsas a gratiarum actione post partum et tam ipsas quam dictos infantes et pupillos ab ecclesiastica sepultura seu aliis ecclesie sacramentis hac occasione excludere valeat, ad instar felicis recordationis Innocentii pape predecessoris nostri auctoritate vobis presentium indulgemus. Nulli ergo etc. Datum Anagnie 8. Id. Septembris. Pontificatus anno I.

  1121, 157'—58.

  277. 1255. September 7. Anagni. Alexander IV wiederholt No. 123. Ib. 139.

  278. „ November 26. Lateran. Derselbe „bulla, ut capientes servitores fratrum templi seu verberantes eos et dissipantes bona eorum excummunicentur, donec ablata restituerint et satisfactionem prebuerint." 1119, 9.

  279. 1255. December 9. Lateran. Alexander IV „bulla, ne Cistercienses et alii emant aut approprient terras, possessiones, redditus dominium templi pertinentes. 1119, 10'. Vgl. No. 158. 264.

  280. 1255. December 10. Lateran. Desselben' „bulla, ut liceat fratribus templi ecclesias suas, cum vacaverint, in suis manibus retinere per 50 dies". Ib. 10.

  281. *1255. December 12. Lateran. Declaratio domini pape [Alexandri IV], quod sub illo generali verbo „et aliis ecclesiarum prelatis" debent intelligi omnes presbiteri et capellani.*

  Alexander episcopus servus servorum dei dilectis filiis magistro et fratribus militie templi salutem et apostolicam benedictionem. Ex parte vestra fuit propositum coram nobis, quod cum contingat vos frequenter aliquos ex vestris fratribus pro colligendis elemosinis et aliis vestris necessitatibus cum litteris apostolicis, prout vobis indultum est a sede apostolica, destinare, nonnulli archiepiscopi, decani christianitatis et alii ecclesiarum rectores, presbiteri et capellani occasionem ex eo indebitam assumentes, quod in eisdem litteris in salutationis alloquio de ipsis expresse mentio non habetur, quamquam archiepiscopis et episcopis, abbatibus, prioribus, archidiaconis, decanis et aliis ecclesiarum prelatis huiusmodi littere dirigantur, litteras ipsas recipere et que in eis continentur implere pro sue voluntatis arbitrio contradicunt in vestrum non modicum prejudicium et gravamen. Quare nobis humiliter supplicastis, ut salubre super hoc remedium adhibere paterna sollicitudine curaremus. Nos igitur vestris devotis precibus inclinati, quod predicte persone sub illo generali verbo „et aliis ecclesiarum prelatis" in hoc casu debent intelligi ad instar felicis recordationis Innocentii pape predecessoris nostri auctoritate presentium declaramus. Nulli ergo etc. Dat. Lateran. 6. Id Decembr. Pontificatus nostri anno primo.

  1121, 62'—63.

  282. 1255. December 17. Lateran. Alexander IV „bulla, ut archiepiscopi et episcopi ad requisitionem judicum et conservatorum fratrum templi scribant regi Anglie pro excommunicatis excommunicandis". 1119, 10.

  283. 1256. Februar 3. Lateran. Alexander IV wiederholt No. 88. 1121, 159.

  284. „ Decbr. 7. „ Derselbe, „ne homines templariorum trahantur ad alienum iudicium in eorum juris prejudicium". 1119, 6'.

  285. 1257. Februar 8. Lateran. Derselbe wiederholt No. 79. 1121, 199.

  286. *1257. März 6. Lateran. Alexander IV bestätigt die dem Tempelherrenorden verliehenen päpstlichen Privilegien und setzt die ihnen widersprechenden päpstlichen Erlasse ausser Kraft.*

  Alexander episcopus s. s. d. dil. fil. mgro et fratribus militie templi Jeros. s. et ap. b. Ad assiduum Christi servitium deputatos favore prosequi

1255. September 7 — 1257. März 9. 65

Romana debet ecclesia, ut in illos potissimum gratiam sue benignitatis extendat, qui vacando divinis officiis noscuntur amplius promoveri. Quia igitur eterni regis beneplacitis vos totaliter mancipastis, cum acceptabile valde ipsius obsequium personarum periculis minime formidatis intrepidis prosequamini animis et viribus indefessis pro terre Jerosolimitane tutela Christi sanguine rubricate emtione decertantes, decet profecto et expedit, ut copiosis vos corroberemus favoribus vestroque ordini apostolice gratie dexteram porrigamus. Cum igitur apostolica sedes nonnulla privilegia et quam plures indulgentias eidem ordini sub diversitate temporum duxerit concedenda, nos cupientes ea, que ipsi ordini et vobis a predicta sede conscessa sunt, non solum integra et illesa servare, ymo potius quantum cum deo possimus, adaugere, vestris supplicationibus inclinati, huiusmodi privilegia, indulgentias et gratias dicto ordini non obstantibus quibuslibet constitutionibus, provisionibus, diffinitionibus, ordinationibus et declarationibus factis et promulgatis a sede predicta, per quas vestris privilegiis et indulgentiis, gratiis et libertatibus in nullo derogari volumus, auctoritate apostolica confirmamus et presentis scripti patrocinio communimus decernentes omnes exactiones, interdicti et suspensionis sententias, si quas in vos vel vestrum aliquos aut in ecclesias seu quelibet loca dicti ordinis pretextis predictarum constitutionum, provisionum, deffinitionum, declarationum necnon litterarum super his a sede obtentarum eadem promulgari contigerit, irritas et inanes, declarationem tamen, constitutionem et ordinationem a predicta sede factam vel editam super decimis novalium et circa indultum apostolicum, quod plerisque conceditur, ut pro ea portione, qua veteres eos contingunt novalium decimas, percipere valeant, volumus et precipimus inviolabiliter observari. Nulli ergo omnino etc. Dat. Laterani 2. Non. Marcii. Pontificatus anno tertio.

Ib. 141.

287. *1257. März 9. Lateran. Alexander IV erklärt zu Gunsten des um die Vertheidigung des Heiligen Landes verdienten Tempelherrenordens, dass die Erzbischöfe, Bischöfe u. s. w. von den Kirchen des Ordens nicht mehr fordern sollen, als ihnen bisher zugestanden war.*

Quod episcopi et prelati non possunt petere aliud quam sui predecessores habuerunt.

Alexander episcopus etc. dilectis filiis magistro et fratribus domus militie templi s. et a. b. Ante oculos mentis nostre habemus cotidie necessitatem terre sancte maximam. Non enim possumus nec debemus casus ipsius miserabiles oblivisci et ideo ad devotionis vestre favorem, cum pro subventione terre predicte nec personis vestris parcatis nec rebus, sicut est hoc tempore opportunum, valde gratanter aspicimus et dignis vos laudibus exinde commendamus. Quia vero, sicut eiusdem negotium terre maius subsidium exigit et vos ei magis ac habundantius subvenitis et ampliorem promereamini dilectionem, gratiam et favorem, cum ita viscera pietatis et compassionis expandatis ad dictum negotium, ut a nobis et aliis vos oporteat ad tante caritatis opus liberaliter adjuvari, iura vestra, quantum nobis gratia divina concedit, integra et inconcussa servare proponimus et vobis benignitatis nostre habundantiam in benedictionibus dulcedinis exhibere. Quapropter, in domino dilecti filii, quieti et tranquillitati vestre providere volentes auctoritate vobis presentium, vestris inclinati supplicationibus, indulgemus, ut archiepiscopi, episcopi et alii ecclesiarum

Prutz, Malteser Urkunden. 5

prelati in vobis et vestris, quas habetis et tenetis, ecclesiis, salva procuratione, si qua debetur iisdem, eo tantummodo sint iure contenti, quod ipsi et predecessores eorum a vobis et predecessoribus vestris noscuntur hactenus habuisse. Quodsi amplius petere vel extorquere contenderint, vobis id liceat auctoritate sedis apostolice denegare. Nulli ergo omnino etc. Dat. Laterani 7. Id. Marcii. Pontificatus anno tertio. Ib. 119—120.

288. *1257. März 17. Lateran. Alexander IV erklärt, dass der Tempelherrenorden von dem früher verfügten theilweisen Widerruf der Privilegien der von der gewöhnlichen geistlichen Gerichtsbarkeit Eximirten nicht betroffen ist.*

Quod revocatio privilegiorum exemptorum olim facta ad privilegia nostra non extenditur.

Alexander episcopus s. s. d. dilectis filiis magistro et fratribus domus militie templi s. et ap. b. Quia nonnullis personis tam ecclesiasticis quam secularibus quod interdici, suspendi vel excommunicari aut quod eorum terre subici ecclesiastico interdicto non possent, quibusdam quidem ad certum tempus, quibusdam autem sine temporis determinatione a sede apostolica dicebatur esse indultum, propter quod a talibus multa sumebantur malignandi materia et audatia delinquendi, nos super hoc providere volentes, omnia huiusmodi apostolica indulta quibuscunque concessa personis, in quantum per ea ordinariorum impediebatur jurisdictio, restringebatur vel etiam artabatur, totaliter de fratrum nostrorum consilio duximus revocanda, ita quod iidem ordinarii in personas et terras ipsas exceptis regibus et reginis et quibusdam personis sublimibus, quos excepimus in revocatione predicta, jurisdictionem taliter indultis nequaquam exstantibus valeant, prout ad vos pertinet, exercere. Unde cum huiusmodi revocatio in vestrum et privilegiorum vestrorum videatur redundare dispendium, nobis humiliter supplicastis, ut providere super hoc vobis paterna sollicitudine curaremus. Nos autem scire vos volumus, quod intentionis nostre non exstitit nec existit privilegiis et indulgentiis exemptionis vestre quoad hoc per huiusmodi revocationem nostram in aliquo derogare. Dat. Laterani 16. Kal. Aprilis, pontificatus anno III⁰.

1121, 167.

289. 1257. April 27. Lateran. Alexander IV wiederholt No. 123 (= 4). Ib. 198.
290. „ Mai 12. „ Desgl. No. 47. Ib. 142—43'.
291. „ „ 12. „ Desgl. No. 58. Ib 157.
292. „ August 9. „ Desgl. No. 241. Ib. 121. cf. No. 308.
293. „ Octbr. 9. „ Desgl. No. 4. Ib. 130.

294. *1258. April 8. Viterbo. Alexander IV bestimmt, dass daraus, dass manche Präceptoren von Tempelhäusern in Frankreich vierzig und mehr Jahre von den Gütern ihres Hauses aus Unkenntniss der betreffenden Freiheit Zehnten gezahlt haben, dem Orden ein Präjudiz zur Verpflichtung zu fernerer Zahlung nicht erwachsen soll.*

Quod si aliqui fratres absque mandato preceptoris in Francia decimas per XL annos vel amplius aliquibus persolverint, nullum prejudicium generetur.

Alexander episcopus servus servorum dei dilectis filiis magistro et fratribus domus militie templi salutem et apostolicam benedictionem. Petitio vestra nobis exhibita continebat, quod, licet vobis a sede apostolica sit indultum, ut laborum vestrorum de possessionibus habitis ante consilium generale, quas propriis

manibus aut sumptibus colitis, nullus a vobis decimas exigere vel extorquere presumat, tamen quidam ex fratribus vestris regni Francie ignorante generali preceptore domorum vestrarum ipsius regni sine eius mandato et assensu agere vel contrahere, rem in judicium deducere seu negotia domorum ipsarum procurare non possint, per simplicitatem et ignorantiam decimas laborum de huius. modi possessionibus per 40 annos vel amplius persolverunt. Quare nobis humiliter supplicastis, ut providere vobis super hoc paterna sollicitudine curaremus. Nos itaque vestris supplicationibus inclinati, ut per huiusmodi solutionem dictarum decimarum, nisi vos vel dictus preceptor domorum ipsarum, postquam hoc ad vestrum vel dicti preceptoris pervenit notitiam, supra persecutionem juris vestri super hoc tanto fueritis tempore negligentes, quod contra vos super solutione predictarum decimarum legitime sit prescriptum, nullum vobis vel prefatis domibus prejudicium in posterum generetur, ne privilegiis vobis a sede apostolica concessis eadem derogari valeat, auctoritate vobis presentium indulgemus. Nulli ergo etc. Dat. Viterbii 6. Id. April. Pontificatus nostri anno quarto.
1121, 107—109'.

295. 1258. August 9. Viterbo. Alexander IV wiederholt No. 249 = 57. Ib. 159—60.

296. 1258. „ „ 10. „ Derselbe wiederholt No. 4. Ib. 180.
297. „ „ „ 13. „ Desgleichen No. 25. Ib. 178.

298. *1258. August 13. Viterbo. Papst Alexander IV verbietet, dass die Prälaten die ihnen gastfrei gewährte Aufnahme und Bewirthung in den Häusern des Tempelherrenordens als Recht beanspruchen.*

Alexander ep. s. s. d. dilectis filiis mgro et fratribus domus militie templi in Aquitania s. et ap. b. Intimantibus vobis accepimus, quod cum exhibeatis vos in hospitalitate omnibus liberalis dioecesanis vestris et aliis ecclesiarum prelatis eorumque familiis, cum ad vestras domos declinant, caritative necessaria ministrantes, nonnulli prelatorum ipsorum huiusmodi gratiam convertere volentes in debitum et quod sic sponte in eis impenditis, deberi sibi ex antiqua consuetudine asserentes vos et domos ipsas propter hoc multipliciter aggravant et molestant. Nos igitur vestris supplicationibus inclinati volentes vestre in hac parte quieti paterna sollicitudine providere, ne quisquam prelatus deinceps id a vobis ex debito exigere vel extorquere presumat, auctoritate presentium inhibemus. Nulli ergo etc. Dat. Viterbii Id. Augusti. Pontificatus anno IV°.
1121, 142'.

299. 1258. August 13. Viterbo. Alexander IV wiederholt No. 47. Ib. 52'—54.
300. „ „ 29. „ Derselbe wiederholt No. 107 = 4. Ib. 142.
301. 1259. Januar 4. Anagni. Desgleichen No. 273 = 235. Ib. 165'.

302. *1259. Februar 1. Anagni. Alexander IV erklärt dem Tempelherrenorden, dass die von etlichen Prälaten erwirkten Breven, wonach diese zur Tragung der ihnen durch die päpstlichen Gesandten u. s. w. zu gewährenden Procurationen erwachsenden Kosten andere Kirchen und Ordenshäuser mit heranziehen zu können behaupten, vom Orden, seinen Kirchen und Häusern nicht gelten können.*

De procurationibus legatorum et nunciorum sedis apostolice, quibus contribuere non tenemur.

Alexander episcopus s. s. d. dil. fil. mag. et fr. domus militie templi Jerosolimitani. Desideriis vestris in hiis affectu benivolo debemus annuere, que vos digne possint a dispendiis preservare. Sane petitio vestra nobis exhibita continebat, quod sepe contingit, quod venerabiles fratres nostri archiepiscopi et episcopi ac dilecti filii abbates, priores et clerici suarum civitatum et dioecesum se in procurationibus legatorum et nunciorum sedis apostolice nimium aggravari ab eadem sede ad certos executores litteras impetrant, ut alios archiepiscopos, episcopos et abbates, priores, clericos religiosos et alios cuiuscunque ordinis ad contribuendum eis super huiusmodi procurationibus sublato appellationis obstaculo auctoritate nostra compellant, non obstantibus quibuscunque apostolicis litteris vel indulgentiis cuicunque loco et persone concessis, quod ad contributionem huiusmodi minime teneantur vel non possint per litteras ipsas cogi. Quare nobis humiliter supplicastis, ut providere vobis super hoc paterna sollicitudine curaremus. Cum autem non sit intentionis nostre, ut ad vos vel domos aut ecclesias vobis subjectas littere huiusmodi extendantur, devotioni vestre auctoritate presentium vobis indulgemus, ut vos vel domus aut ecclesie ipse ad contribuendum in huiusmodi procurationibus per tales litteras, que de hac specialiter indulgentia et ordine vestro plenam et expressam non fecerint mentionem, minime teneamini nec compelli aliquantum valeatis. Sententias similiter quoque, si quas in vos vel domos aut ecclesias ipsas auctoritate litterarum huiusmodi promulgari contigerit, decernimus irritas et inanes. Nulli ergo etc. Dat. Anagnie Kal. Februarii, Pontificatus anno I.

1121, 167.

303. 1259. April 27. Anagni. Alexander IV wiederholt No. 232 = 158. Ib. 123.
304. 1260. Februar 13. Anagni. Desgl. No. 47. Ib. 54'.
305. „ April 19. „ Desgl. No. 58. Ib. 157'.
306. „ Juni 13. „ Desgl. „bulla, quod fratres templi non teneantur ad receptionem vel provisionem alicuius pensionis nisi de speciali apostolice sedis mandato." 1119, 11.
307. 1261. Januar 8. Lateran. Derselbe wiederholt No. 58. 1121, 157.
308. „ „ 27. „ Desgl. No. 292 = 241. Ib. 121.
309. „ Mai 14. Viterbo. Desgl. No. 47. Ib. 54'.
310. „ Septbr. 29. „ Urban IX „de presentatione ad ecclesias templi" = Strehlke No. 581. Ib. 161'.

311. *1262. Januar 25. Anagni. Urban IX wiederholt Alexanders IV Bestimmung betreffend die Ungültigkeit der älteren Verfügung über Einschränkung der Exemtion der Eximirten für den Tempelherrenorden.*

Urbanus episcopus s. s. d. dilectis filiis magistro etc. Meritis sacre vestre religionis inducimur, ut favoris benigni gratia vos jugiter prosequentes paci et tranquillitati vestre, ne jurgiorum concutiatur procellis, imposterum consulamus. Lecta siquidem nobis universitatis vestre petitio continebat, quod licet ordini vestro a sede apostolica sit indultum, ne per litteras eiusdem sedis conveniri possitis, que de ordine vestro non fecerint mentionem, nonnulli tamen eccle. siarum prelati et judices vestris libertatibus invidentes, cum aliquas litteras sedis apostolice predicte ad eos impetrari contingit, 'in quibus generaliter continetur, quod non obstantibus aliquibus privilegiis seu indulgentiis tam exempti quam non exempti cuiuscunque ordinis a sede nominata concessis, per quas attribute psis jurisdictionis explicatio impediri valeat vel differri, et de quibus oporteat mentionem fieri in commissis eis negotiis per litteras ipsas, procedant in vos jurisdictionem indebitam vendicare necnon litterarum ipsarum pretextis vos evocare coram se ad judicium non verentur in totius vestri ordinis magnum prejudicium et gravamen. Super quo subveniri vobis per apostolice sedis auxilium humiliter postulastis. Nos igitur vestris devotis supplicationibus favorabiliter annuentes, ne huiusmodi littere ad predictum extendantur indultum nec per eas eidem indulta in aliquo derogetur, ad instar felicis recordationis Alexandri pape predecessoris nostri auctoritate vobis presentium indulgemus. Nulli ergo etc. Dat. Anagnie 8 Kal. Februarii, pontificatus anno I.

1121, 168.

312. *1262. Februar 6. Viterbo. Urban IX verfügt, dass diejenigen Pfarrer, welche sich irgendwie des Besitzes des Tempelherrenordens bemächtigen, von ihren Bischöfen excommunicirt werden sollen.*

Urbanus episcopus servus servorum dei venerabilibus fratribus archiepiscopis et episcopis ac dilectis filiis aliis ecclesiarum prelatis, ad quos littere iste pervenerint, salutem et apostolicam benedictionem. Eis precipue ac specialiter imminet religiosorum virorum iura defendere, quibus sollicitudinis pastoralis onus noscitur superna dispositione commissum. Inde est, quod religiosos viros fratres militie templi, qui pro fratribus suis animas ponere non formidant, volentes ab incursibus improborum sollicitudine pastorali defendere ac eorum iura conservare integra penitus et illesa ad instar felicis recordationis Alexandri III, Innocentii IV, Alexandri IV Romanorum pontificum predecessorum nostrorum universitati vestre per apostolica scripta mandamus atque precipimus, quatinus si qui parochianorum vestrorum servientes predictorum fratrum capere seu verberare vel eorum animalia seu possessiones diripere iniqua temeritate presumpserint et a vobis commoniti ablata iam dictis fratribus noluerint restituere et de illatis iniuriis dignam satisfactionem prestare, eos vinculo anathematis innodetis et tam diu sub sententia teneatis, donec jam dictis fratribus ea, que eis nequiter abstulerunt, cum integritate restituant et de illatis injuriis satisfactionem exhibeant competentem. Datum Viterbii 7. Id. Februar. Anno pontificatus nostri primo.

Original VII, 7. Vgl. No. 320. Regest Delaville n. 20.

313. 1262. Februar 6. Viterbo. Urban IX verleiht dem Tempelherrenorden die nachher durch Clemens IV d. 4. September 1265 wiederholte Bulle.

1121, 147 u. 173.

314. *1262. Mai 31. Accon. Thomas Berard, Meister des Ordens der Tempelherren, verzichtet in Ausführung des ergangenen Schiedsspruches zur Beendigung der Streitigkeiten seines Ordens mit dem Johanniterorden auf das Casale Cabor im Gebiete von Accon u. a. m.*

Nos frere Thomas Berard par la grace de deu humble maistre de la maison de la poure chevalerie dou temple et nos le couent de cele meisme maison feisons a saveir a toz ceaus qui sunt et serunt, que cum ce fust chose, que nos le dit maistre et le dit couent d'un assent et d'une volente por le profit et le repos de la crestiente et proprement dou reyaume de Jerusalem et de nos et de notre maison por abatre les contens qui ont este de nos a la maison del Hospital de Saint Johan de Jerusalem et por eschiver ceaus que avenir y peussent; nos fussions compromis en l'onorable pere frere Thomas del ordene des prescheors, par la grace de deu evesque de Bethleem et legat de l'apostolial siege, et en frere Hereman de Helderong, grant comandor de la maison de l'Hospital de notre dame des Alemans ou reyaume de Jerusalem et tenant leu de maistre, et en mesire Joffrei de Sergines, seneschal et bail dou reyaume de Jerusalem, et en mesire Guillaume seignor de Boutron et conestable dou dit reyaume, si cum en arbitres, arbitrans, arbitreors et amiables conpositors haut et bas de toutes quereles, contens et discordes et questions, que nos aviens ou aueir poions a la dite maisons de l'Hospital. Nos le desus nome maistre et le couent dou temple d'un assent et d'une volente por nos et por nos successors tenant et porsiuant le dit des arbitres desus motis quitons et renuncions a vos, frere Hugue Revel, honorable maistre de la sainte maison de l'Hospital de saint Johan de Jerusalem, et a vos le couent de la dite maison de l'Hospital, receuant por vos et por vos successors toz drois, toutes raisons, actions, seignories et dreitures, que nos auons ou aueir poions por quelque raison et ocheison que ce soit le casal, qui est apelez Cabor, lequel siet en la diocese d'Acre, ou toutes ses apartenances, ses possessions, ses teneures et ses raisons, ses dreiteures, quels que eles soient et en quel que leu que eles soient, et ceste deuant dite quitance et renunciacion si cum il est desus deuise faisons nos le desus nome maistre et couent dou Temple a vos le desus dit maistre et couent del Hospital por ce que vos le dit maistre et le dit couent del Hospital quites a nos le dit maistre et le dit couent dou Temple et a nos successors toz drois, toutes raisons, actions, seignories et dreiteures que vos auiez ou aueir poez par quelque raison et ocheison que ce soit au Caymont et la seignorie dou Caymont et un casal qui est apelez La Feue et un casal qui est apelez Damor qui siet en la seignorie de Saette ou toutes leur apartenances et leur possessions et leur teneures et leur raisons et leur dreiteures quels que eles soient et en quelque leu que eles soient. Et por ce que nos le dist maistre et le dit couent de la maison dou Temple volons que toutes les choses desus dites si cum eles sunt desus deuisees, soient tenues et maintenues a toz tems fermes et estables si por nos ne nos successors ne otre por nos ne por nos successors son puissent aler a lencontre des choses desus dites ou d'aucune d'eles, auons nos fait faire cest present privilege et bouler de notre boule de plomb enpreinte en nos drois coins generals a la garentie de noz freres des quels ce sunt les noms : frere Amauri de la Roche, grant comandeor, frere Guillaume de Malai, tenant leu de mareschal, frere Gonsalus Martin comandeor de la maison d'Acre, frere Richard le lop drapier, frere Guillaume de Montaignane, comandeur de Saette, frere Bernart de Poias comandeor des chevaliers, frere Herni de Lyon turcoplier, frere Simon de la Tor, chastelain dou Saphet, frere Guillaume de Vanoz, chastelain dou chastel Pelerin, frere Guillaume dou Chastel chastelain de Beaufort, frere Pierre dou Cayre et frere Gui d'Aubon, nos compaignons, et plusors autres de noz freres. Ce fu fait Acre, l'an del' incarnacion notre seignor mil et deuz cens et sissante et deus le dernier jor dou mois de May.

Original 18, 2. Gedruckt bei Delaville n. 21.

315. *1262. Mai. Accon. Vergleich zwischen den Orden der Tempelherren und der Johanniter zur Beendigung ihres Streits über die Stadt Valenia u. a.*

Nos frere Thomas Berard por la grace de deu humble maistre de la maison de poure chevallerie dou Temple et nos le couent de cele meisme

1262. Mai.   71

maison faisuns a saueir a toz ciaus qui sunt et serunt, que cum ce fust chose
que nos le dit maistre et le dit couent d'un assent et d'une volonte por le
profit et le repous de crestienté et proprement dou reiaume de Jerusalem et de
nos et de nostre maison et por abatre les contens qui ont este entre nos et la
maison del hospital de saint Johan de Jerusalem et por eschiuer ciaus qui
venir y peussent, · nos fussions conpromis en honorable pere frere Thomas del
ordene des prescheors par la grace de deu evesque de Bethleem et legat de
l'apostolial siege et en frere Hertheman de Helderong, grant comandeor de la
maison del ospital de notre dame des Alemans ou reiaume de Jerusalem et
tenant leu de maistre, et en mesire Gefroi de Sergines, seneschal et bail dou
reiaume de Jerusalem, et en mesire Guillaume seignor dou Botron et conestable
dou dit reiaume, si cum en arbitres, arbitrans, arbitreors et amiables compositors
haut et bas de totes quereles, contens, descordes et questions que nos aviens
ou aueir poiens a la dite maison del ospital et eussions done et otreie os
arbitres devan dis plein poeir d'eschanger entre nos et la dite maison del
ospital possessions, casaus, terres et rentes lesquels et lesqueles nos et la
dite maison del ospital teniens et posseiens es cites et es chastellenies et es
seignories des cites et chastellenies, l'un de l'autre et de totes autres choses
que leur semblast que a eschanger feissent, quels queles seient et en quelque
leu queles seient, a leur conoissance et a leur volente. Nos le dit maistre et
le dit couent de la maison dou Temple d'un assent et d'une volente por nos
et por nos successors tenant et porsiuant le dit des arbitres desus motis donons,
otreions et confermons a toz tens en eschange et en nom d'eschange des choses
desos motis a vos frere Hugue Reuel, honorable maistre de la sainte maison
de l'ospital de saint Johan de Jerusalem et garde des poures Jesu Christ, et a
vos le couent de la dite maison de l'ospital, et a vos successors totes les choses,
que nos auons en la cite de Valenie et en la seignorie de Valenie et en la
seignorie de Margat et le cors dou maneir que nos auiens en la cite de
Saiete auant que Saiete venist a nos mains et le casal qui est apelez Cafarsset,
lequel siet en la seignorie de Tabarie, ou totes leur apartenances et ou toz leur
terreors et 'leur devises et ou totes les raisons et les seignories que nos y
auons et ou totes leur possessions et leur teneures et leur raisons et leur dreitures quels que eles seent et en quel que leu qu'eles seent, seit en casaus, en
gastines, en homes, en femes, en enfans, en terres laborees et non laborees,
en arbres, en vignes, en jardins, en fours, en molins, en bains, en acques, en
bois, en riveres, en pasturages, en plains, en montaignes, en valees, en montees,
en dreitures, en peages, en justices, en seruices, en chemins et en hors de
chemins, en maisons, en censives et en totes autres choses que en cest pri-
velige sunt moties et non moties que ces deuandis leus apartienent ou deivent
apartenir sauf le cors dou maneir que nos auons a Valenie, lequel nos demore
parensi que ou for qui est ou dit maneir, nos ne noz successors non puissiens
ne ne deiens cuire ne faire cuire pain fors por nos freres et por notre maisnee.
Et totes ces choses desus dites si cum eles sunt desus deuisee, nos le dit maistre
et le dit couent de la maison de la chevallerie dou Temple por nos et por noz
successors donons, otreions et quitons a vos le dit maistre et a vos le dit couent
de la maison del ospital de Saint Johan et a vos successors en eschange et en
nom d'eschange de treis charruees franceises de terre, qui sunt el terreor de

Cafarlet, de quei vos teniez partie et nos en demandiez le parfait, et dou maneir que vos auez a Saiete et de totes les choses que vos auez en la cite et en la seignorie de Saiete et de Beaufort ou totes leur apartenances et leur terreors et leur devises et en totes les raisons et les seignories que vos y auez et ou totes leur possessions et leur teneures et leur raisons et leur dreiteures, quels queles seent et en quelque leu que les seent, seit en casaus, en gastines, en homes, en femes, en enfanz, en terres laborees et non laborees, en arbres, en vignes, en jardins, en fours, en molins, en bains, en aigues, en bois, en riveres, en pasturages, en plains, en montaignes, en valees, en montees, en dreiteures, en peages, en justices, en servises, en chemins et hors de chemins, en maisons, en censives et en totes autres choses que en cest present prevelige sunt moties et non moties, que as deuandites choses apartienent ou deivent apartenir. Et encore vos le dit maistre et le couent del ospital auez quite et renoncie a toz les dreiz, et actions et raisons que vos auiez ou aueir poiez contre le dit sire Julien et contre ses heirs por la raison de la devandite peine, les queles dites choses vos le dit maistre et le dit couent de la maison del ospital por vos et por voz successors tenant et ensinant le dit des arbitres desus motis dones et auez done a toz tens a nos et a nos successors en eschange et en nom d'eschange des choses, que nos vos auons donees en eschange si cum il est desus deuise. Et por ce, que nos volons que les choses desus dites totes ensembles et chascune por sei seent tenues et maintenues a tot tens fermes et estables si que nos ne nos successors ne autre por nos ne por noz successors non puissiens aler alencontre par aucun enging ou par aucune maniere, fust en tot ou en partie, nos auons fait cest previlege boler de notre bole de plomb enpreinte en noz dreiz coins generals o la garentie de noz freres des quels ce sont les noms: frere Amauri de la Roche, grant comandeor, frere Guilliaume de Malai tenant leu de mareschau, frere Gonsalve Martin comandeor de la maison d'Acre, frere Richard le Loup drapier, frere Guillaume de Montegnant, comandeor de Saiete, frere Bernard de Poias, comandeor des chevallers, frere Hevin de Lyon turcoplier, frere Simon de la Tor, chastellain dou Saphet, frere Guillaume de Vanoz, chastelain de Chatel Pelerin, frere Guillaume dou Chastel, chastellain de Beaufort, frere Piero do Cayre et frere Gui d'Aubon, noz compaignons et plusors autres de nos freres. Ce fu fait en Acre lan del incarnation de notre seignor mil duez cens sissante duez le dernier jor en moi de Mai.

Original 18, 3. Regest bei Delaville n. 22.

316. 1262. Juni 28. Viterbo. Clemens IV wiederholt das Verbot des gerichtlichen Zweikampfs für die Tempelherren. 1121, 91—92. Vgl. No. 98.

317. *1262. [December.] Vergleich zwischen den Orden der Tempelherren und der Johanniter betreffend das Casale Alma u. a. m.*

Nos frere Thomas Berard, par la grace de deu humble maistre de la chevalerie de la maison dou Temple et nos le couent de cele meisme maison faisons asaueir a toz ceaus, qui sunt et serunt, que cum ce fust chose que contens fust entre nos d'une part et vos, frere Hugue Revel, par cele meisme grace honorable maistre de la maison del hospital de Saint Johan de Jerusalem, et nos le couent de cele meisme maison de l'autre sur le fait dou casale qui a nom Alme et ses apartenances, lequel casal nos auiens en eschange dou noble home mesire Johan de Montfort, seignor dou Thoron, por ce que vos les dis

1262. Juni 28 — 1262. (December.)

maistre et couent del hospital entendiez auoir raison ensi cum vos disiez et les nos bees a demander par plait en la cort de l'iglise. Nos le dit maistre et le dit couent de la maison dou Temple por la paix et la concorde et l'amor tenir et maintenir entre vos et nos avons rendu ou devantdit seignor dou Thoron le devantdit casal Almes ou toutes ses apartenances et l'en avons mis en corporel saisine et teneure et otreions et prometons et somes tenus por nos et por nos successors a vos les devantdis maistre et couent del hospital et a voz successors de non prendre ne receuir le dit casal d'Alme et ses apartenances en achat ne en eschange ne en apaut ne en gagiere ne en garde ne en comande ne autre maniere d'alienement jusques a tant que par le cort de l'iglise ou de cele dou reyaume de Jerusalem soit donee sentence definitive, se le dit casal d'Alme deit estre votre ou de votre maison ou non, sauf ce que tant come le devantdit seignor dou Thoron ou ses heirs tenront ou posseeront le devantdit casal et ses apartenances, que nos puissons acheter ou eschanger les rentes et les fruis dou dit casal et ses apartenances, par ensi que ce non torne ne seit a prejudice de votre maison ou autre contraire, et prometons et somes tenus encores por nos et por nos successors a vos les devantdiz maistre et couent de l'avantdite maison de l'hospital et a vos successors, que nos ne serons contraire ne nuisans par nos ne par autre dou fait d'Alme et de ses apartenances a vos ne autre maisons ne aidant au seignor dou Thoron ne a ses heirs ne a autre por eaus contre vos et votre maison sur le fait dou dit casal et ses apartenances, sauf ce se il fust coneu par dreit en la cort de l'iglise, que nos fuissiens tenus d'aidier le sire dou Thoron et ses heirs dou fait d'Alme par les tenors des preveliges que sunt fait entre nous et lui de l'eschange d'Alme et de ses apartenances et de Margelion, des quels preveliges les transcris sunt saeles de notre sael et des seiaus des arbitres, cest asaueir de l'onorable pere mesire Thomas, par la grace de deu evesque de Bethleem, et legat de l'apostolial siege, et frere Herreman de Heldrongue, grant comandeor de la maison de notre dame des Alemans ou reyaume de Jerusalem et tenant leu de maistre, et de mesire Gefrei de Sergines, seneschal et bail dou reyaume de Jerusalem et de mesire Guillaume seignor dou Boutron et conestable dou dit reyaume. Et se il avenoit que le seignor dou Thoron nos meust question ou plait sur le fait de lui aidier contre vos sur le fait d'Alme et ses apartenances, le plait se defendra par le conseil des proudeshomes de votre maison et de la notre, et vos, le devantdit maistre et couent del ospital, aves promis et estes tenus por nos et por nos successors, que toutes les feis, que vos aures Alme et ses apartenances par quelque maniere que ce soit, que vos donrez a nos ou a noz successors ou a nos comandemens le dit casal d'Alme et ses apartenances a la requeste de nos ou de nos successors ou de nos comandemens donant nos a vos ou a voz successors ou a vos commandemens l'eschange que nos aurons eu dou seignor dou Thoron por le dit casal et ses apartenances. Et encores vos les diz maistre et couent de la maison de l'ospital avez promis et estes tenus que vos le huitovre prochein venant en avant comenceres le plait dou fait d'Alme contre le seignor dou Thoron et le porsuires jusques a sentence difinitive. Toutes les feis que vos ne autre por vos n'en tenres Alme et por, ce non demore que vos ne puissies porchacier votre raison dou fait d'Alme, si cum il vos semblera. Et se il avenait que vos eusses sentence difinitive encontre vos dou fait d'Alme, de celui jor en avant nos et nos successors puissons sans mesprendre faire notre profit et notre meaus d Alme et ses apartenances, si come il nos semblera. Les quels choses desus dites toutes ensemble et chascune par sei nos les diz maistre et couent dou Temple otroions et prometons et somes tenus por nos et por nos successors a vos les dits maistre et couent del ospital et a vos successors de tenir et maintenir et accomplir a bone fei et de non aler a l'encontre fust en tout ou en partie por quelque manière, raison ou achaison ce fust sos peine de quatre mile marc d'argent fin, laquel peine paiee ou non paiee toute les choses desus dites si cum eles sunt desus devisees soient tenues et maintenues fermes et estables. Por laquel peine desus dite nos les diz maistre et couent dou Temple por nos et por nos successors obligons a vos, le diz maistre et couent del Ospital, et vos successors toz les biens de notre maison, moebles et non moebles quels que ils soient et ou que ils soient au meaus aparant, et renoncions des orendroit a benefice de la restitucion en entier a toutes raisons, excepcions et defensions, previleges, indulgences et rescris que nos aions ou puissons aveir, et a toutes aides de lois, de decres, de decretales, d'usages, d'assises et de constitucions vielles et noveles par lesquels nos ou nos successors ou autre por nos puissons aidier, defendre ou aler ou faire contre les choses desus dites ou d'aucunes d'eles. Et por ce que nos volons que toutes les choses desus dites soient tenues et maintenues a toz tems fermes et estables, nos avons fait faire cest present escrit et bouler de notre boule de plomb empreinte en noz dreis coins o la garantie de nos freres, des quels ce sont les noms: Guillaume de Malay mareschal, frere Guillaume de Montignane grant comandeor, frere Gonsalve Martin comandeor d'Acre, frere Gerard de Burgues comandeor des chevaliers, frere Herni de Lyon turcoplier, frere Piere de Cayre et frere Gui d'Aubon, nos compaignons, frere Bienvenu tresorier et plusors autres freres de notre maison. Ce fu fait a Acre l'an de l'incarnation notre seignor Jesu Christ mil et deux cens et sissante deus le dishuitieme jor decier.

18, 4. Regest Delaville n. 23.

318. 1263. Mai 21. Civitàvecchia. Urban IV wiederholt No. 98 1121, 91'—92.

319. 1263. Juni 23. „ Derselbe wiederholt No. 123. Ib. 147.
320. 1264. Februar 9. „ Desgl. No. 312.
321. „ Mai 24. „ Desgl. No. 47. Ib. 82.

322. *1265. April 22. Papst Clemens IV befiehlt dem Abte von S. Guillaume du Désert in der Dioecese Lodève dem Tempelherrenorden zum Wiedererwerb der unter Beobachtung von Rechtsformen demselben alienirten Einkünfte und Güter in der Provence zu verhelfen und die sich der Rückgabe weigernden durch kirchliche Strafen zum Gehorsam zu zwingen.*

Clemens episcopus servus servorum dei dilecto filio . . . . . . abbati Sancti Guillermi de Desertis Lodovensis dioecesis salutem et apostolicam benedictionem. Pervenit ad audientiam nostram, quod tam dilecti filii . . preceptor et fratres domus militie templi in Provincia quam predecessores eorum decimas, terras, possessiones, domos, vineas, redditus et quedam alia bona ipsius domus datis super hoc litteris, factis renuntiationibus et prestitis juramentis necnon et penis adiectis in enormem lesionem domus eiusdem nonnullis clericis et laicis, aliquibus eorum ad vitam, quibusdam vero ad non modicum tempus ac aliis perpetuo ad firmam vel sub censu annuo concesserunt, quorum aliqui super hiis litteras confirmationis in forma communi dicuntur a sede apostolica impetrasse. Quia vero nostra interest lesis religiosis domibus subvenire, discretioni tue per apostolica scripta mandamus, quatinus ea, que de bonis eiusdem domus per concessiones huiusmodi alienata inveneris illicite vel distracta, non obstantibus litteris, renuntiationibus, iuramentis et confirmationibus supradictis ad ius et proprietatem predicte domus studeas legitime revocare, contradictores per censuram ecclesiasticam appellatione postposita compescendo, non obstante si aliquibus a sede predicta indultum existat, quod interdici, supendi vel excommunicari aut extra certa loca ad iudicium trahi non possint, per litteras sedis ipsius non facientes plenam et expressam de indultu huiusmodi mentionem. Testes autem, qui fuerunt nominati, si se gratia, odio vel timore subtraxerint, censura simili appellatione cessante compellas veritati testimonium perhibere. Datum Perusii X. Kal. Maij, pontificatus nostri anno primo.

Original X, 18. Regest Delaville n. 26.

323. 1265. Mai 21. Perugia. Clemens IV „bulla, quod possimus succedere in omnibus preterquam in feculis." = Strehlke 528. 1121, 94'.

324. 1265. Mai 23. Perugia. Derselbe wiederholt No. 232. Ib. 110—111.
325. „ „ 25. „ Desgl. No. 5. Ib. 120.
326. „ „ 27. „ Desgl. No. 199. 1b. 155—56.
327. „ „ 29. „ Desgl. No. 28. Ib. 127.
328. „ „ 31. „ Desgl. No. 44. = Strehlke No. 334. Ib. 90.

329. *1265. Mai 31. Clemens IV schärft wiederholt Respekt vor dem Asylrecht des Tempelherrenordens für die sich oder ihre Habe in dessen Häuser Flüchtenden ein.*

Ut confugientibus ad domos nostras pro sua salute vel in res eorum infra ambitum domorum nostrarum quis non potest manus injicere violentas.

Clemens episcopus s. s. d. venerabilibus fratribus archiepiscopis et episcopis ac dilectis filiis abbatibus, prioribus, decanis, archidiaconis et aliis etc. Pervenit ad nos ex conquestione religiosorum virorum fratrum militie templi Jerosolimitani, quod cum aliqui ad domos eorum pro salute sua se transferunt aut res suas deponunt, hostes eorum infra ambitum suarum domorum eos et res suas dei reverentia et timore postposito capiunt et captos incarcerant et ad redemptionem compellunt. Quoniam igitur id indignum est penitus et absurdum et fidelium saluti prorsus contrarium, ad exemplar felicis recordationis Alexandri pape predecessoris nostri universitati vestre per apostolica scripta mandamus precipiendo, quatinus universos generaliter sub excommunicationis interminatione prohibere curetis, ne illos, qui ad domos dictorum fratrum pro salute sua confugiunt, vel in res eorum infra ambitum domorum ipsarum violentas manus injiciant. Si qui autem prohibitionis vestre fuerint transgressores, ipsos contradictione et appellatione cessante vinculo anathematis astringatis et faciatis usque ad dignam satisfactionem sicut excemmunicatos ab omnibus evitari. Provideant tamen fratres, ut homicidis et pestilentibus hominibus ad dispendium pacis atque justicie sub hac indulgentia nisi forte intercedendo presidium non impendatur. Dat. Perusii 2 Kal. Junii. Pontificatus anno I.

1121, 176'—177.

330. *1265. Juni 8. Clemens IV erneut seiner Vorgänger Innocenz und Urban Verbot den Tempelherrenorden zu bannen; in allen Streitsachen mit demselben hat sich der Episkopat an den Papst klagend zu wenden.*

Clemens episcopus etc. venerabilibus fratribus archiepiscopis et episcopis et dilectis filiis archidiaconis, ad quos littere iste pervenerint, salutem et apostolicam benedictionem. Cum dilecti filii nostri fratres militie templi Jerosolimitani nullum habeant episcopum vel prelatum preter Romanum pontificem et speciali prerogativa gaudeant libertatis, non decet vos in eos vel clericos aut ecclesias eorum, in quibus potestatem ecclesiasticam non habetis, absque mandato nostro excommunicationis vel interdicti sententias promulgare, sed si quando vos vel subditos vestros iidem fratres injuste gravaverint, per vos vel nuntios vestros id Romano pontifici signare debetis ac per ipsum de memoratis fratribus iustitiam obtinere. Inde est, quod universitati vestre ad instar felicis recordationis Innocentii et Urbani predecessorum nostrorum Rom. pontif. per apostolica scripta precipiendo mandamus, quatinus in predictos fratres sive clericos aut eorum ecclesias, in quibus auctoritatem nequaquam habetis, excommunicationis vel interdicti sententiam promulgare nullatenus presumatis nec eos alias indebita vexatione gravetis, sed erga ipsos vos taliter habeatis, quod non habeant adversus vos materiam querelandi, scituri, quod si mandatum nostrum neglexeritis, in hac parte dimittere non poterimus, quin eisdem fratribus in sua justitia, si apud nos querimoniam iterum deposuerint, efficaciter providere curemus. Datum Perusii 6. Id. Junii, pontificatus nostro anno primo.

X, 25. Regest bei Delaville n. 27.

Im Wesentlichen gleichlautend mit dem Privileg Honorius III für den deutschen Orden 1218, April 1. bei Strehlke 305 und Alexander IV 1257, September 7. bei Hennes n. 168. Dem Tempelherrenorden war es bereits verliehen durch Innocenz III 1201, April 12. Vgl. No. 79.

331. *1265. Juni 8. Papst Clemens IV wiederholt die Privilegien seiner Vorgänger Alexander III, Lucius III und Urban, wonach die vom Tempelherrenorden in den Sarrazenen entrissenen Gebieten gegründeten Kirchen direkt unter dem Papst stehen.*

Clemens episcopus s. s. d. dilectis filiis magistro et fratribus domus militie templi Jherosolimitani s. et ap. b. Quanto maiores pro defensione christianitatis discrimina sustinetis, tanto benigniori vos debemus oculo intueri et libentius ubicumque iustitia possumus vestris et vestrorum commodis providere. Eapropter dilecti in Christo filii, vestris justis postulationibus annuentes ad exemplar recordationis felicis Alexandri, Lucii et Urbani predecessorum nostrorum Rom. pontif. presentibus vobis litteris indulgemus — von hier ab gleichlautend mit Strehlke Tab. ord. Theut. n. 410.

Dat. Perusii 6. Id. Junii, pontificatus anno primo.

1121, 85'. Gedruckt bei Ferreira l. c. 825—26. Regest bei Delaville n. 27

332. *1265. Juni 13. Papst Clemens IV weist den Abt von S. Saturnin zu Toulouse an, die seit zwölf Jahren mit dem Tempelherrenorden in der Gascogne streitenden Genossen des „Friedensbunds" zur Achtung der bisher missachteten Excommunication durch deren Bestätigung und Verschärfung zu nöthigen.*

Clemens episcopus s. s. d. dilecto filio N. abbati sancti Saturnini Tholosani sal. et ap. ben. Sua nobis dilecti filii prior et fratres Hospitalis Jerosolimitani

Tholosani petitione monstrarunt, quod cum inter ipsos et etiam tunc preceptorem et fratres militie templi de Borderiis in Guasconia communiter ex parte una et magistrum et fratres fidei et pacis Auxitane dioceseos super castro de Manseta eiusque pertinenciis ex altera coram . . abbate sancti. Saturnini et altero collegarum suorum, tercio committente eis super hoc, non tamen totaliter, vices suas auctoritate apostolica, questio verteretur, quia dicti magister et fratres citati legitime comparere coram eis in prefixo sibi termino peremptorio competenti contumaciter denegarunt, dicti abbas et collega propter huiusmodi contumaciam manifestam in eosdem magistrum et fratres excommunicationis sententiam exigente justitia promulgarunt, quam ipsi dampnabiliter contemnentes eam per duodecim annos et amplius sustinuerunt animo indurato. Quare dicti prior et fratres humiliter petierunt, ut dictam excommunicationis sententiam firmitatis robur debitum obtinere eamque pro dictorum magistri et fratrum agravari protervia mandaremus. Quocirca discretioni tue per apostolica scripta mandamus, quatinus sententiam ipsam, sicut rationabiliter est prolata, facias auctoritate nostra usque ad satisfactionem condignam appellatione remota inviolabiliter observari, et si eam dicti magister et fratres per unum mensem, postquam tibi constiterit ipsam rationabiliter fore latam, sustinere presumpserint, eam aggravare procures, prout magistri et fratrum protervitas exegerit eorundem. Datum Perusii Id. Junii, anno pontificatus nostri primo.
Original X, 24.

333. *1265. Juli 4. Perugia. Clemens IV weist die Erzbischöfe und Bischöfe an, ihre Pfarrer für dem Tempelherrenorden zugefügte Kränkungen mit Bann und Interdikt zu bestrafen und diese Strafen nicht ohne Wissen des Ordens und vor geleisteter Genugthuung aufzuheben.*

Clemens episcopus etc. venerabilibus fratribus archiepiscopis et episcopis et dilectis filiis abbatibus, prioribus, decanis, archidiaconis et aliis ecclesiarum prelatis, ad quos littere iste pervenerint, s. et ap. b. Cum ab religiosorum virorum pressuris et molestiis ii, quorum pedes celeres sunt ad malum, severitate debeant ecclesiastica cohibere et inferiorum culpe merito ad prelatos desides referantur, quia facientis culpam habet, qui quod potest corrigere negligit emendare, miramur, sicut possumus de ratione mirari, quod, sicut dilectis filiis fratribus domus militie templi Jerosolimitani significantibus accepimus, parrochianos vestros, de quibus apud vos querelam deponunt, non compellitis ad iustitiam exhibendam. Si vero aliquos interdum excommunicationi vel interdicto supponitis, sententiam vestram remittitis fratribus inconsultis, satisfactione congrua pretermissa. Quia igitur sustinere nolumus incorrectum, quod in vestrum et subjectorum vestrorum periculum attemptatur, universitati vestre per apostolica scripta mandamus atque precipimus, quatinus cum a jam dictis fratribus de parrochianis vestris querelam acceperitis, eos ad exhibendam iustitiam omni gratia et timore postposito, contradictione quoque et appellatione remota ecclesiastica districtione cogatis, attentive provisuri, ne sententiam, quam tuleritis, fratribus ignorantibus absque satisfactione congrua relaxetis, scituri a vobis dampna ipsorum districtius requirenda, si preceptum nostrum neglexeritis, quod non credimus, adimplere. Datum Perusii 4. Non. Julii, pontificatus nostri anno primo.

Original X, 27. Gedruckt bei Ferreira 865—66 und 913—14.

334. 1265. Juli 4. Perugia. Clemens IV wiederholt No. 2. 1121, 146.
335. „ „ 25. „ Desgl. No. 1. Ib. 145.
336. „ „ 25. „ Desgl. No. 47. Ib. 60 und 82.
337. „ „ 25. „ Desgl. No. 77. Ib. 75.
338. „ „ 27. „ Desgl. No, 47. Ib. 85—86.
339. „ August 29. „ Desgl. No. 5. Ib. 110. Bei Ferreira 904—6.
340. *1265. September 4. Assisi. Clemens IV befreit den Tempelherrenorden wiederholt von der Pflicht zu irgend welchen Collekten etc. herangezogen zu werden und erklärt Bann und Interdikt, ohne päpstliche Vollmacht verhängt, für ungültig.*

Clemens episcopus servus servorum dei. Dilectis filiis magistro et fratribus militie templi Jerosolimitani salutem et apostolicam benedictionem. Quanto devotius divino vacatis obsequio personas et bona vestra pro terre sancte subsidio totaliter exponendo, tanto quieti vestre libentius providemus. Hinc est, quod nos vestris devotis supplicationibus inclinati ad instar felicis recordationis Urbani pape III predecessoris nostri auctoritate vobis presentium indulgemus, ut ad contribuendum in aliquibus talliis, collectis seu pecunie summis aut exactionibus aliis, quocumque nomine censeantur, aut ad exhibendum aut prestandum easdem pro quavis persona, ex quacumque causa ipsas imponi contingat, ratione ecclesiarum, domorum seu quarumcumque possessionum vestrarum minime teneamini nec ad id compelli aliquatenus valeatis auctoritate litterarum apostolice sedis vel legatorum ipsius impetratarum vel etiam impetrandarum absque speciali mandato sedis eiusdem faciente plenam et expressam de indultu huiusmodi mentionem. Nos enim excommunicationis et interdicti sententias, si quas in vos vel aliquem vestrum contra tenorem indulti huiusmodi a quoquam promulgari contigerit, decernimus irritas et inanes. Nulli ergo omnino hominum liceat hanc paginam nostrae concessionis et constitutionis infringere vel ei ausu temerario contraire. Si quis autem hoc adtemptare presumpserit, indignationem omnipotentis dei et beatorum Petri et Pauli apostolorum eius se noverit incursurum. Datum Assisii 2 Non Septembris. Pontificatus nostri anno primo.

Original X, 10. 1121, 177.

Gedruckt bei Ferreira, Memorias e noticias historicas de celebre ordem militar dos Templarios. P. I, t. II, (Lisboa 1835) 802—3, 851—52 u. 883—84.

Eine offenbar gleichlautende Urkunde von demselben Datum für die Johanniter verzeichnet Potthast n. 19333.

341. *1265. September 8. Papst Clemens IV befreit die Tempelherren in Wiederholung von Privilegien Innocenz III und Alexanders IV von dem Strafgeld für Weiden ihrer Thiere auf fremdem Grund und Boden.*

Clemens episcopus s. s. d. dilectis filiis, magistro et fratribus militie templi Jherosolimitani s. et ap. b. Eo vobis quilibet favorabilior esse debet, quo vos specialius contra impugnatores nominis christiani pro fidei defensione sub religionis habitu dimicando personas vestras morti exponere non timetis. Sane sicut nobis exponere curavistis, contingit interdum vestre animalia per aliqua transeundo territoria vel pascendo in eis illis, quorum sunt huiusmodi territoria, dampna dare, quorum occasione dampnorum post congruam satisfactionem prestitam de eisdem locorum domini bannum a vobis exigunt et

1265. Juli 4 — 1274. September 13.

extorquent. Nos itaque vestris precibus inclinati, ut, postquam a vobis de huiusmodi dampnis sufficiens satisfactio fuerit prestita ea passis, pretextu banni propter hoc aliquid alicui domino vel alii solvere non teneamini seu ad id compelli ab aliquo valeatis, ad instar felicis recordationis Innocentii et Alexandri predecessorum nostrorum Romanorum pontificum auctoritate vobis presentium indulgemus. Nulli ergo omnino hominum liceat etc. Datum Assisii 6. Id. Septembr. Pontificatus anno primo.
1121, 70—70'.

342. 1266. Februar 27. Perugia. Clemens IV wiederholt No. 243. 1121, 174.

343. 1267. Mai 7. Viterbo. Derselbe „quod possimus fratres nostros in causis nostris ad testimonium ferendum producere." = No. 2. Ib. 174'—75.

344. 1267. Mai 14. Viterbo. Derselbe wiederholt No. 47. Ib. 82.

345. „ Novbr. 24. „ Desgl. No. 21. Ib. 116'.

346. *1270. September 12. Avignon. Der Ritter Peter vermacht auf dem Sterbebett seinen Leib dem Tempelherrenorden zum Begräbniss auf dessen Kirchhof in Avignon.*

Notum sit omnibus, quod anno domini M. CC. LXX, scilicet 2. Idus Septembris, existentibus dominis civitatis Avinionensis domino Alphonso, dei gratia comite Tholosano et marchione Provincie, et domino Karolo, eadem gratia comite et marchione Provincie et comite Fulcalesensi, ego Petrus de militia, aeger corpore, in bona mentis mee valetudine existens, relinquo, offero et dono tibi, fratri Lamberto templario et camerario domus militie templi Sancti Egidii, presenti et recipienti nomine dicte domus corpud *(sic)* meum sepeliendum tempore mortis mee in cimiterio dicte domus ponendo manus meas in manus tuas, et ne contra hoc veniam aliqua ratione vel jure, bona fide et sine dolo per sollempnem stipulationem tibi promito et super sancta dei evangelia a me corporaliter tacta juro, renuntians in predictis omni juri omnique rationi vel qua contravenire possem. Et ego frater Lambertus predictus in nomine domini nostri Jesu Christi et gloriose beate Marie matris eiusdem et nomine domini Roncelini magistri domorum militie templi in Provincia. et pro ipso te, dictum Petrum de militia per manuum tuarum apprehensionem recipio in omnibus bonis temporalibus et spiritualibus dicte domus et corpus tuum tempore mortis tue sollempniter sepeliendum in cimiterio dicte domus. Factum fuit hoc Avinion. in stari dicti Petri de militia. Testes affuerunt presentes domini Johannes prior domus sancti Benedicti, Bertrand de cavis montibus frater, Guillelmus Clarius de Mari et frater Petrus Garnerius templarii, Rd. Clarius. Et ego Petrus Carresia Avinion. notarius publicus, qui predictis omnibus presens interfui et mandato dictorum presentium hanc cartam scripsi et signavi.
18, 7. Gedruckt bei Delaville n. 29.

347. 1272. Februar 8. Viterbo. Gregor X „bulla, ne fratres templi teneantur contribuere aliquibus talliis, quorumcumque nomine censeantur." 1119, 11.

348. *1274. September 13. Gregor X wiederholt die Bestimmung Innocenz IV und Alexanders III, dass trotz der vom letztern ♦rfügten Beschränkung der Exemption von geistlicher Gerichtsbarkeit der Tempelherrenorden und die Seinen·dieselbe ferner geniessen.*

Gregorius·episcopus servus servorum dei dilectis filiis magistro et fratribus domus militie templi salutem et apostolicam benedictionem. Licet in concessis

vobis ab apostolica sede privilegiis, ut asseritis, sit expressum, ut nullus episcopus vel archiepiscopus aut alius ordinarius vel officiales eorum possint in vos vel fratres vestri ordinis ubilibet commorantes excommunicationis, suspensionis vel interdicti sententias promulgare, ipsi tamen pretextu constitutionis pie memorie Innocentii pape predecessoris nostri et felicis recordationis Alexandri pape predecessoris nostri postmodum innovate, qua cavetur, ut exempti, quacumque gaudeant libertate, nichilominus ratione delicti vel contractus aut rei, de qua contra ipsos agitur, possint coram locorum ordinariis conveniri et illi, quoad hoc suam in ipsos jürisdictionem, prout ius exigit, exercere, interdum in vos et fratres vestros, quamvis iidem fratres ad domos vel loca ipsis ordinariis subjecta, ut vel illorum gerant regimen vel in eis tamquam proprii locorum ipsorum fratres resideant, non fuerint destinati, huiusmodi presumunt contra constitutionem premissam sententias promulgare. Nos igitur constitutiones ipsas inviolabiliter observari volentes et vestris privilegiis minime derogari huiusmodi excommunicationis, suspensionis et interdicti proferri sententias contra eiusdem sedis indulta et constitutionis predicte tenorem auctoritate presentium districtius inhibemus, decernentes irritum et inane, si secus contra inhibitionem huiusmodi fuerit attemptatum. Nulli ergo etc. Dat. Lugdun. Id. Septembr. Pontificatus anno III.
1121, 136—36'. Regest 1119, 11.

349. *1285. October 23. Rome apud S. Sabinam. Honorius IV erklärt die dem Tempelherrenorden verliehenen Privilegien, welche von demselben bisher aus Unachtsamkeit oder Unkenntniss der Ordensbeamten nicht geltend gemacht worden sind, für nach wie vor gültig, soweit sie nicht inzwischen ausdrücklich aufgehoben sein sollten.*

Honorius ep. s. s. . . . . . magistro etc. . . . Licet, sicut lecta coram nobis vestra petitio continebat, domus vestra privilegiis et indulgentiis apostolicis sit munita, illis tamen propter negligentiam uti hactenus omisistis in ejus prejudicium et gravamen. Quare super hoc petiistis eidem domui sedis apostolice providencia subveniri. Nos igitur indempnitati prefate domus volentes in posterum precavere presentium vobis auctoritate concedimus, ut eisdem privilegiis et indulgentiis, dummodo eis non sit per prescriptiones vel alias legitime derogatum, negligentia seu omissione huiusmodi non obstante uti de cetero libere valeatis. Nulli ergo etc. Dat. Rome apud S. Sabinam. 10. Kal. Novembris. Pontificatus anno I.
1121, 149.

350. 1286. Januar 21. Rome apud S. Sabinam. Honorius IV wiederholt No. 273 = 235. Ib. 165.

351. *1288. Apud Ensonum. Das Generalcapitel der französischen und englischen Tempelherren bestellt den Bruder Elias Amanem zum Syndicus und Generalbevollmächtigten mit weitreichenden Vollmachten.*

Universis presentes litteras inspecturis frater Gaufredus de Ucherio, domus militie templi in regnis Francie et Anglie generalis ac humilis visitator, salutem in domino. Noveritis quod de fratrum meorum consilio et assensu fratrem Heliam Amanem preceptorem domorum nostrarum Burdig. et de Gasconia, fecimus, constituimus et ordinamus generalem procuratorem nostrum, sindicum et actorem in omnibus causis et negotiis, quas vel que nos vel fratres nostri movimus, movemus seu moturi sumus, habemus seu habituri sumus, tam agendo quam defendendo contra quascumque personas tam ecclesiasticas quam etiam seculares coram quibuscunque judicibus ordinariis, extraordinariis, delegatis, subdelegatis, arbitris, arbitratoribus, regibus, principibus, comitibus, vicecomitibus, baronibus, ballivis, seneścallis, prepositis, conservatoribus et aliis quibuscunque, dantes et concedentes eidem procuratori nostro et fratrum nostrorum nomine plenam et liberam potestatem et speciale mandatum agendi, deffendendi, ponendi, respondendi, excipiendi, replicandi, diem vel dies acceptandi et contumandi eosdem, litem arrestandi, appellandi si necesse fuerit, appellationemque innovandi ac proferendi eandem, jurandi in animas nostram et fratrum nostrorum, de calumpnia seu de veritate dicenda in judicio principale que super expen expen seu iudicatum et recipiendi nomine domus templi, componendi, compromitendi et compromissionem bullandi, pena, iura . . . . alia firmitate advocandique homines nostros petendique nostram curiam de eisdem ipsos faciendi et procuratores unum vel plures loco sui substituendi vel . . . . revocandi eos, quotiens viderit expedire et alia omnia singula faciendi, que nos vel fratres nostri faceremus seu facere possemus, si presentes essemus coram . . . . supradictis vel altero eo diebus assignatis vel etiam assignandis, ratum et firmum habentes et habituri quicquid per dictum procuratorem nostrum vel per substitutum ab ipso in predictis causis seu negotiis coram dictis judicibus diebus quibuscunque actum fuerit seu etiam procuratum promittentes sub ypotheca bonorum dictarum domorum pro ipso seu pro substituendo ab ipso, si necesse fuerit judicatum solvi cum suis clis relevantes ipsos seu quemlibet ab omni one satisdamus non intendentes procuratores nostros revocare. In quorum omnium premissorum testimonium presentibus litteris sigillum nostrum, quo unico utimur, duximus apponendum ad hoc significandum omnibus, quorum interest seu interesse poterit vel debet interesse. Datum apud Ensonum in celebratione capituli nostri Aquitanici die lune post . . . . Anno 1288.

Original 19, 1. Delaville le Roulx n. 34.

352. 1297. Januar 31. Rome apud S. Petrum. Bonifaz VIII wiederholt No. 5. 1121, 227.

353. 1297. Januar 31. Rome apud S. Petrum. Derselbe wiederholt No. 25. Ib. 173.

Johanniterurkunden
von
1112–1194.

1. *1112. Juli 18. Euremar, Erzbischof von Caesarea, schenkt dem Hospital der „armen Brüder" zu Jerusalem den Zehnten von allen demselben in seinem Sprengel gehörigen Casalien und Villanen.*

† In nomine sancte et individuae trinitatis, patris et filii et spiritus sancti. Ego Heuremarus dei gratia Cesariensis archiepiscopus universis cultoribus fidei catholice pacis et salutis prosperitate gaudere. Ad summe beatitudinis aeternitatem tendimus, quando adimplere tota virtute conamur, quod in psalmo scriptum legimus, ubi dicitur, beatus, qui intelligit super egenum et pauperem. Hanc ego beatitudinem intellectu puro optinere desiderans pro statu nostre ecclesiae, pro me ipso, pro grege michi commisso hospitali fratrum pauperum, quod est Jerusalem, dono eique eternaliter possidendum concedo omnem videlicet decimam tam de casalibus quam de villanis sive de omnibus caeteris rebus, quas supradictum hospitale habet in toto nostro episcopatu, quatinus usibus eius in sempiternum cederent michique et omnibus amicis nostris remedium eterne beatitudinis fierent. Huius autem descriptionis nostre paginam in ecclesia nostra clericis audientibus et assencientibus recitari feci sigillique mei impressione insignitam corroboravi. Si quis autem contra hanc donationem nostram ire voluerit et aliquo modo infringere temptaverit, a perceptione corporis domini nostri Jesu Christi alienus fiat, donec resipiscat et ad satisfactionem veniat.

Actum est. autem hoc quintodecimo Kalendas Augusti anno dominice incarnationis M. C. XII, indictione V^a et invictissimi regis Balduini XII. Illi autem, qui subscripti sunt, testes permaneant in aeternum.

† S. Euremari archiepiscopi. † S. Arnulfi Beluacensis. Vullelmus presbiter. Albertus presbiter. Stephanus presbiter.

† Ricardi acoliti, qui hanc cartam scripsit cum litteris rasis et suprascriptis in decima linea die et anno quo supra.

Original. I, n. 9.

2. *1127. Januar 16. Barisan, Connetable von Joppe, schenkt dem Hospital des h. Johannes zu Jerusalem das Casale Algie im Gebiet von Ascalon.*

† In nomine summe et individue trinitatis. Notum sit omnibus tam presentibus quam futuris, quod dominus Barisanus Joppe constabularius pro redemptione anime patris sui ac matris sue et parentum suorum die dominico architriclinii donavit sancti Johannis hospitali eiusdemque loci pauperibus ac in manu domini Raimundi, qui post dominum et sanctum Johannem ut domum et pauperes regeret communi electione electus fuit, unum casale nomine Algie concedente Hugone Joppe domino, Emma quoque eius uxore ceterisque baronibus suis concedentibus. Quod autem casale in territorio Ascalonis seu illo terminatu cum omnibus eiusdem casalis pertinentiis inveniri poterit. Insuper etiam prefatus Hugo ipsi eedem [1]) ecclesie Sancti Johannis donavit terram Joppe libere et sine ulla consuetudine reddente, terram illam dico, quam Radulfus hospitalis tenere et habere solebat antequam moreretur. Factum est autem hoc donum

---

[1]) sic!

dominice nativitatis millesimo C⁰ XX⁰ VII⁰,¹) residente venerabili in Jerusalem patriarcha Warmundo, eodem tempore regnante in ipsa civitate Jerusalem Bauduino rege secundo Latinorum. Cuius ergo donationis sunt testes satis nobilissimi viri Fulduinus abbas sancte Marie in valle Josaphat, Willelmus Tiberiadis, Galterius quoque Birutensis necnon Guido frater eius, Goffridus comes de Flavi et Girardus de Are. Rohardus civis Jerusalem, Goffridus itaque de Parente et Hugo Ramatensis et Guido de Miliaco. Huic vero largitioni interfuit Petrus Raimundus sacerdos et Ranerius Tyberiadis et Petrus Tyberiadis et Willelmus Joppe et Petrus Malet et Durandus hospitalis constabularius. Isti fratres hospitalis.

Original I, n. 17.

3. *1135. Donatio facta hospitali sancti Johannis Hierosolimitani a principissa Adelaide unius domus apud Laodiciam et unius gastine et duarum carrugarum terrae cum puteo, qui est in via apud Gibellium, et una domo. Act. 1133.*

Fragment; der Anfang fehlt. Zeugen Radulfus de Fontanellis, Radulfus filius Rogerii, Willelmus de cursibus altis dux Gibelli, Theobaldus de Corizi dux Laodicie, frater Gottafredus.

I, n. 26.

4. *1135. December 19. Hysimbart schenkt dem Hospital des h. Johannes das Casale Arthabec im Gebiet von Caesarea.*

In nomine sanctae et individuae trinitatis. Notum sit'omnibus hominibus tam futuris quam presentibus, quod Hysimbardus cum laude uxoris suae Roarde et infantum suorum vendidit hospitali Jherusalem, Raimundo magistro et aliis fratribus quingentis bisantiis, unum casale nomine Arthabec cum omnibus pertinentiis suis, arboribus, pascuis, aquis absque ulla retinentia, quod est infra horum fines casalium, sc. Kalensuae ad orientem, Calodiae ad meridiem, Castellariis Rogerii Longobardi ad occidentem, casalis Latinae ad aquilonem. Hanc enim venditionem laudavit et auctorizavit Gualterius Cesariensis dominus, in cuius territorio hoc casale est, et habuit ᵛC Lᵗᵃ bisantios. Et Arnulfus de Haynis dominus Hysimbardi similiter laudavit et auctorizavit et habuit Lᵗᵃ bisantios. Facta est carta ista anno ab incarnatione domini M⁰ C⁰ XXX V⁰. Inditione XIIIᵃ, 14. Kal. Januar., feria Vᵃ, luna XI, presidente in Jherusalem venerabili domino patriarcha Willermo, regnante Fulcone rege Latinorum tertio et in Cesarea presidente domno honorabili Gaudentio archiepiscopo. Huius enim venditionis testes sunt satis nobilissimi viri. S. domni Gaudentii Cesariensis archi episcopi, in cuius presentia et in cuius kamera fuit factum et auctorizatum, ut supra scriptum est. S. domni Gualterii Caesariae domini. S. Harnulfi de Haynes. S. Heustachi Eschostel. S. Georgii militis. S. Rainerii Formeri. S. Petri Bassi. S. Guardi Bucxi. S. Petri drogomanni de Chaquo. S. Gualterii vicecomitis de Chaquo. S. Ricardi fabri. S. Raimundi thesaurarii, fratris hospitalis et aliorum multorum, quorum nomina ignoramus.

Petrus scriba scripsit die et anno quo supra.

Original mit dem an rothseidener Schnur hängenden Bleisiegel des Gualterius von Cäsarea.

Original I, 30.

---

¹) Rasur, VII⁰ mit hellerer Tinte nachgeschrieben.

5. *1137. Juli 12. Wilhelm, Patriarch von Jerusalem, bestätigt den Verkauf eines Hauses zu Jerusalem durch Galter von Lucca an den Arzt Robert und ertheilt diesem gewisse Freiheiten in Betreff des Ausbaues desselben.*

☩ In nomine sancte et individue trinitatis, patris et filii et spiritus sancti. Amen.

Quoniam multorum curriculo interlabente temporum nonnulla rationabiliter ac legitime constituta oblivioni traduntur, unde postea inter mortales non solum lites et contentiones, verum etiam odia et dura prelia oriuntur et homicidia sepissime atque cedes peraguntur, salubre est et necessarium res bene gestas per scripturam posteris notificare et sic nascentium morborum causas ac futuri belli seditionisque semina previdendo declinare et bene gestae rei statum indeclinabilem conservare. Notum igitur sit omnibus tam futuris quam presentibus, quod ego Willelmus dei gratia sanctae Jerusalem patriarcha consensu totius conventus sancti Sepulchri assensum et licentiam prebui Galtero de Lucca, ut domum, quam edificaverat super terram, quae est ad occidentalem angulum lacus balneorum et ad aquilonem vergens, Roberto medico eiusque filiis et filiabus eorumque successoribus jure hereditario habendam ac libere et quiete possidendam pro LXXX^a bisantiis venderet et traderet. Verum quia, jam dictae domus aedificium pro fundamenti debilitate in altum non poterat extolli, ego predictus patriarcha assensu tocius capituli sancti Sepulchri prefato Roberto licentiam tribui firmam voltam aedificandi super viam, que est inter ipsam domum et campum meum, super quam domus fabricam sine timore casus posset erigere, et insuper a superiore domus parte quendam vastinae angulum eidem Roberto tradidi, concessi et dedi, ut ipse eiusque filii filiaeve eorumque heredes potestatem habeant domum ipsam et partem additam libere et quiete jure perpetuo possidendi, in vadimium ponendi, donandi, vendendi et absque aliqua calumpnia quodcunque placuerit faciendi, ita tamen, ut annis singulis in festivitate Jerusalem pro domo et parte addita I bisantium patriarchali persolvat curiae. Ut autem haec omnia firma et inconvulsa permaneant imposterum, scripti presentis paginam sigilli proprii impressione roboravi et subscriptorum testimonio confirmavi. Affuerunt etenim prefatae donationi et venditioni atque concessioni de capitulo ecclesiae sancti Sepulchri Petrus prior, Robertus archidiaconus, Petrus Barcinonensis, Osbertus Joppensis, Radulphus Parisiensis, Willelmus Normannus, Lambertus de sancto Lazaro, Gamerius, Godefridus, Robertus de Accon, Moyses, Bartholomeus, Giraldus, Dionisios, Brocardus, Willelmus et alii de eorum numero multi, et de patriarchali curia Everhardus, Humbertus, Amelius, Johannes, Milo, Ernaldus, Stephanus cum aliis pluribus. Facta est autem presens inscriptio anno domini M^0 C^0 XXX^0 VII^0, Indictione XV, 4^0 Idus Julii. Regnante in Jerusalem Fulcone Francorum rege.

Original I, 34, 2.

6. *1141. Wilhelm, Patriarch von Jerusalem, überlässt tauschweise dem Hospital gegen zwei Marktstände einen Garten.*

☩ In nomine sancte et individue trinitatis, patris et filii et spiritus sancti. Amen. Notum sit omnibus fidelibus Christi, quod ego Willelmus, dei gratia sanctae Jerusalem patriarcha, cum consilio et consensu domini Petri prioris sancti Sepulchri tociusque capituli eius pro cambio duarum stationum, que in platea Surianorum stationibus meis vicine sunt, Raimundo hospitalis sancti Johannis baptistae magistro et fratribus eiusdem domus ortum quendam cuidam domui meae, quae ante suae communis vitae professionem cantoris erat Anselmi, adjacentem ad possidendum dedi in perpetuum. Haec vero ut immutabiliter rata permaneant auctoritate dei et nostra, predictis fratribus et eorum successoribus banno, scripto, sigillo confirmamus et haec infringere temptantes perpetuo anatehemate obligamus. Acta est haec confirmatio Jerosolimis anno incarnationis domini M. C. XLI, indictione VI [1]), presentibus subscriptis testibus, scilicet Petro priore sancti Sepulchri, Godefrido thezaurario, Aimerico canonico, Willelmo preposito, domino Lamberto, domino Gamerio, domino Gozelino, domino Nicholao, domino Roberto, Geraldo diacono, Willelmo diacono, Balduino cancellario, Amilio diacono, Milone camerario, Ganfredo de acu; de fratribus hospitalis Stephano de Antiochia, Petro Willelmi, Stephano Lauret, Arnaldo Wasco, Petro Novello, Raimundo de Palatio, Stephano diacono, Stephano de Capella, Petro thezaurario, Raimundo thezaurario, Geraldo pincerna, Bernardo Wasco, Roberto dapifero, Roardo vicecomite, Roberto de casali sancti Egidii, Rainaldo de Monte Laudato, Toleto de Tolosa, Petro de Petragoricis, Peregrino filio Boneti, Roberto de Sesson, Roberto de Frandol, Rainaldo Segghir, Benzalino, Humberto de Barr.

    Copie s. 12/13. I, n. 37 u. 38.

    7. 1142. *Raimund, des Pontius Sohn, Graf von Tripolis, schenkt dem Hospital Raphania und Mons Ferrandus nebst allen lehnsherrlichen Rechten u. s. w.*

    In nomine sancte et individue trinitatis, patris et filii et spiritus sancti. Amen. Quoniam labilis est mortalium hominum memoria, auctoritas veterum sancivit scriptis commendare, que debent perpetualiter illibata permanere. Iccirco notum sit omnibus tam presentibus quam futuris, quod ego Raimundus Poncii comitis filius, dei gratia comes Tripolis, divino instinctu in fratrem et socium et orationum participem dedi et concessi et reddidi me sancte domui pauperum hospitalis Jherusalem pro salute anime mee meorumque predecessorum et contuli ore et corde laudavi et concessi eidem domui sancti hospitalis Jherusalem Raphaniam et montem Ferrandum cum omnibus suis pertinentiis et cum omni jure suo tam meis propriis quam et omnibus feodalibus absque ulla federis obligatione et absque ullo retentu omni remota prorsus calumpnia quiete libere in elemosinam et donationem et ligietatem omnium hominum tam militum quam burgensium ibi terras habentium et possessiones, prout melius predecessores mei habuerunt et tenuerunt et ego habui et tenui, et Mardabech cum omnibus suis pertinentiis et juribus tam meis propriis quam et omnibus feodalibus et quicquid habeo vel habere debeo juris vel dominii in piscaria Chanicle a Chades usque ad reclausam et castella et villas et cetera, que ex pertinentiis Raphanie et montis Ferrandi conprobari deinceps esse poterint, que nunc a me ignorantur. Similiter dedi, concessi ore et corde laudavi sine aliquo retentu juris vel dominii Cratum et castellum Bochee cum omnibus suis pertinentiis tam domini propriis quam et feodalium cum omni jure suo libere perpetuo possidendum et Selitum et lacum cum omnibus suis pertinentiis tam domini propriis quam et feodalium sine omni retentu et diminutione sui juris vel dominii. Deinde vero consilio et voluntate Willelmi de Crato

---

[1]) Muss heissen IV.

et uxoris sue Adelasie eiusque filii Bertrandi Hugonis predicta castelia xenodochii Jherusalem pauperibus [fra]tribus concessi ore et corde laudavi, pro quibus videlicet castellis scambium eis dedi et in perpetuum habere concessi, que castella dicte domui hospitalis ipsi sponte dederunt et concesserunt et in mei presentia meorumque baronum et hominum ab omni calumpnia quietaverunt. Quod autem sit hoc scambium, presens privilegium inspecturis volo reserare. Nunc igitur ostendam seriatim scambium, quod dicto Willelmo de Crato coram universa curia mea feci, videlicet caveam Davidis Siri cum omni raisagio montanee, prout ego melius habui et tenui, et feodum Pontii Willelmi, id est duas terre caballarias et sexcentos bisantios, ego Raimundus dictus comes Tripolis CC bis. et barones CC bis. et episcopus Tripolis CC bis. et super omnes caballarias predicte montanee in unaquaque divisione XII bis. ab hoc mense Augusti usque ad decem annos dedi, concessi atque laudavi. Similiter quidem assensu et voluntate Gisleberti de Podio Laurenti et uxori sue Dagolta prelibate domui pauperum Christo dedi, concessi ore et corde laudavi Selitium et lacum cum omnibus suis pertinentiis et cum omni jure suo, que mille bisanciis ab eis emi et ab omni calumpnia libere recepi, que castella sancto Jherusalem hospitali ipsi sponte dederunt omni remota calumpnia libera penitus quietantes. Hoc igitur donum, prout melius, verius et sanius ab omnibus hominibus intelligi valet, bona fide, sine pravo ingenio, ut prescriptum est, ego Raimundus per dominum Tripolis comes feci nutu et consilio Cecilie comitisse matris mee, regis Francorum filie, et Hodierne uxoris mee, Tripolis comitisse, regis Jherusalem filie, et filii mei Raimundi et Philippi fratris mei pauperibus hospitalis Jherusalem sine ulla convenientia et alicuius conditionis tenore excepto, quod in omnibus negotiis militaribus, quibus ego presens fuero, totius lucri medietatem partiri mecum debent. Me autem absente nec constabulario nec mare. scalco nec etiam alicui respondeant ex hoc nec lucrum cum eis vel aliis partiantur, nisi quod unicuique in negotio existenti sorte devenerit. Preterea si forte obitu deficerem, magistro atque provisori comitatus meique filii, quocumque ipse presens aderit, iddem pactum partis lucri, quam mecum habent, tenuerint et observaverint, usque quod filius meus ad etatem militie pervenerit, cui predicta federa firmiter habuerint et custodierint illibata. Similiter quidem assensu et voluntate baronum meorum et hominum hoc donum et hanc libertatem dedi, concessi ore et corde laudavi predicte domui hospitalis et eiusdem domus universis hominibus et Surianis Crati, ut emant et vendant libere et quiete in omni terra mea et comitatu et dominatione, ut nichil juris vel consuetudinis reddant vel tribuant mihi vel meis successoribus vel alicui meorum hominum, sed sint per omnia dicta domus et eius homines liberi et immunes in perpetuum. Hoc autem donum et hanc libertatem dedi, concessi comuni assensu et voluntate, ut dictum est, testium subscriptorum, id est Geraldi episcopi Tripolis, Willelmi episcopi Tortose, B. archiepiscopi Albarie, Rainerii constabularii, Fulcrandi marescalci, Willelmi Embriaci, Willelmi Rainvardi, Jocelini de Cavo monte, Silvii Rotberti, Willelmi Porcelleti, Radulfi de Fontanellis, Raimundi de Fonte erecto, Radulfi viridis, Pipini et ceterorum baronum omnium. Interfuerunt etiam huic dono et isti de burgensibus, id est Pontius de Sura, G. Isnelli, P. Geraldi, S. Monacus, R. Lamberti, Willelmus Rollandi, P. Girbaldi, B. aurificis, Ph. Burgensis, P. Andree et ceteri omnes, quorum nomina tedium esset magis quam proficuum enarrare. Verum si qua mihi necessitas vel meis hominibus forte demum insurrexerit, quod predictorum castrorum salvandis corporibus necesse sit, nec in ingressu nec in exitu per me vel per meos homines ullum christianis prelium vel malum fieri vel insurgere debet nec arte vel ingenio meo quicquam facere aut inquirere, ut hec predicta loca pauperibus sancti Hospitalis Jherusalem subtrahantur vel auferantur. Denique ortum, qui fuit Galterii de Margato et uxoris sue Gisle, ipsa adhuc in vita superstite concedente, velud muro circumcluditur et illa spatia locorum ad trahendos lapides apta, que inter utramque viam concluduntur, et exterius illius a capite omni remota calumpnia atque retentu consilio et assensu Hodierne uxoris mee et filii mei Raimundi et Philipi fratris mei et baronum meorum et hominum pauperibus sepedicte domus hopitalis Jherusalem in elemosinam dedi libere et quiete et jure perpetuo habere et tenere concessi in manu fratris Raimundi dicti hospitalis magistri et Rotberti comitis Alverniensis et Gisleberti Maleman' et Petri Montis Peregrini prioris et aliorum fratrum antecessorum meorum salute meorumque venia peccatorum ego sepedictus R. Tripolis comes coram universa mea curia tam clericorum quam laicorum. His igitur donis prenominatis quicunque calumpniam vel controversiam aliquam facere presumpserit, nisi resipuerit, pars eius sit cum Dathan et Abiron, quos vivos terra absorbuit, et cum Juda proditore, qui dominum Judeis precio vendidit, sitque ipse maledictus comedens atque bibens, vigilans atque dormiens, vespere et mane et meridie et in omni tempore presenti et futuro, percutiat eum dominus fame et siti, frigore et calore, scabie quoque et prurigine, amentia et cecitate, donec pereat eum maledictis. Insuper consilio et voluntate baronum meorum et hominum domui hospitalis concessi ore et corde laudavi et confirmavi, quod ego Raimundus per dominum Tripolis comes sepedictus absque consilio et assensu fratrum eiusdem domus trevias non accipiam nec faciam cum Saracenis. His omnibus donis supranominatis existunt testes barones mei et burgenses prescripti et insuper Petrus, qui hanc cartam, conposuit, tunc temporis dicti comitis cancellarius. Et ut hec dona omnia rata et inconcussa permaneant in eternum, sigilli mei plumbei inpressione istud presens privilegium precepi roborari anno ab incarnatione domini millesimo centesimo quadragesimo secundo. Indictione V.[1])

Original I, 41.

Vgl. Paoli I, n. 28 — eine Urkunde über dieselbe Verleihung vom Jahr 1145 (= I, 46).

8. *1146. Galterius, Herr von Caesarea, überlässt, um sich von den in Accon gemachten Schulden zu befreien, ein von ihm gekauftes Grundstück zu Caco gegen 800 Byzantier dem Hospital.*

✠ In nomine patris et filii et spiritus sancti Amen. Notum sit omnibus tam presentibus quam futuris sanctae matris ecclesiae filiis, quod ego Galterius dei gratia Cesareae Palestine dominus terram quandam, quam ego comparaveram ducentis bisantiis a Petro Drugemanno de Caco pro liberatione mea et hominum meorum, qui pro debitis meis apud Accon sepissime tenebantur capti et semper fidei suae sponsione astricti, pro liberatione mea,

---

[1]) Mscr. falsch VII.

inquam, terram Petri cum domo et area, quae sunt iuxta cisternam comunem, vendo et dono pro octingentis bisantiis domino Raimundo Jherosolimitani hospitalis magistro et fratribus suis ad sustentationem pauperum Christi et sancti Johannis baptistae. Ego igitur constituo et constituens sanctio, ut eandem terram predicti fratres et pauperes libere et quiete et absque ullius servitii exactione perpetuo teneant et possideant, et ne aliquis dubitationis scrupulus intersit, si forte pro eadem terra adversus eos aliqua calumpnia emerserit, undecunque oriatur, per me et per heredes meos sedabitur et ad nichilum penitus redigetur. Ad maiorem vero huius pactionis meae confirmationem placuit mihi eam scripto comendare et sigilli mei munimento, honestorum quoque virorum corroborare testimonio Factum est hoc in presentia domini Balduini Cesariensis archiepiscopi. Huius rei testes sunt Radulfus, Alexander, Hugo, Balduinus magister, Johannes pauper, Reinerius de Toron, Eustatius Scosstel, Arnoldus Costa, Engelbertus de Aria, Reinerius de Cossi, Symon de Castello, Johannes Longus, Georgius, Manasses, Hugo de Caco. Facta est autem presens carta anno domini M⁰ C⁰ XL⁰ VI⁰ Indictione VIII^a. Regnante in Jherusalem Balduino rego Francorum quinto. ✠

✠ Presidente sedi Jherosolimitanae Fulcerio patriarcha. ✠

Original I, 47.

9. *1149. Februar 6. Gilbertus von Tyrus, Meister des Hospitals, bekundet den Ankauf eines Grundstücks in Tyrus.*

Notum sit omnibus in Christo bene viventibus, quatinus Gilebertus de Tyro, qui tunc magister hospitalis sancti Johannis erat et pauperum Christi, quae est in Tyro supradicto ad honorem sanctae Mariae et sancti Johannis baptiste et ad utilitatem pauperum, cum consilio omnium suorum fratrum emit quandam partem terrae, quae est juxta terram hospitalis jam dicti, de domina Belioma, uxore Roberti Scandaleonis, ac de suis filiis Ysaac et Rolando cum sua perfecte concedentibus propter septuaginta bisantios, tali vero testimonio, quod ipsius emptionis pro hac terra testis veraciter est Wuillelmus de Japha, dominus Herveus Brito, Renoldus cementarius, Radulphus corviserius, Pandulphus corviserius, socius ejus, Henricus tanerius, Stapherd de hospitali, Petrus Lumbardus et alii quam plures boni homines et legalitatis et justitiae executores. Facta siquidem fuit presens carta istius commercii anno ab incarnacione domini M⁰ C⁰ XL⁰ VIII⁰ in die dominica, quae prima post festum purificationis sanctae Mariae evenit.

Sciant omnes Christi fideles et aequi et veritatis amatores, quod ego Gilebertus de Tyro, magister hospitalis sancti Johannis et pauperum Christi, emi unam partem terrae, que est juxta nostram terram, de Petro Barafa, filii Gauterii Tiberiacensis, pretio CXIIII bisantiorum et duorum frumenti modiorum, et hoc factum fuit post duos annos mortis regis Fulconis, quo scilicet termino filius eius Balduinus rex fuit constitutus tali modo, quod Giraldus Passerels fuit inde auctorizator et testis. Willelmus de Japha testis, dominus Herveus Brito frater hospitalis, Petrus cementarius, Willelmus Anglicus, Petrus rex et plures alii. Regnante Balduino rege supradicto et regina M[elisende] matre eius feliciter regnum obtinente.

Original I, 53.

10. *1150. Mai 24. Robert von S. Gilles und seine Gattin Odula schenken dem Hospital ihr Casale Emmaus.*

✠ In nomine sanctae et individuae trinitatis. Notum sit omnibus hominibus tam presentibus quam futuris, quod ego Robertus de casali sancti Egidii cum uxore mea Odula donavimus et concessimus terram nostram Emmaus cum omnibus suis pertenenciis deo et sancto Johanni baptiste et beatis pauperibus hospitalis Jherusalem et Raimundo magistro omnibusque aliis fratribus clericis et laicis presentibus et futuris in perpetuum concessu Roardi eiusque uxoris dominae Gillae, de quibus nos istud feudum tenebamus, et concessu et confirmatione regis Fulconis et reginae dominae Melissendis et domini Willelmi patriarchae tali pacto, quod Raimundus magister hospitalis et fratres presentes ac futuri donant annuatim quingentos bisancios mihi Rotberto et uxori meae Odulae meisque heredibus in perpetuum. Et hos bisancios supradictos ego Rotbertus et uxor mea Odula hucusque accepimus de hospitali per duos terminos anni, scilicet 250 bis. in pascha et 250 in festo omnium sanctorum, sicut est scriptum in privilegiis regis Jherusalem et patriarchae, que habent de hoc dono et de hoc censu fratres hospitalis. Nunc autem mutatis terminis voluntate mei et uxoris meae Odulae et Raimundi magistri hospitalis et omnium fratrum capituli constitutum est et laudatum, ut ammodo per iiii^{or} anni tempora isti D bis. nobis divisim reddantur ita, CC bis. in pascha et C in festo beati Johannis baptistae et C in festo omnium sanctorum et C in nativitate domini et mihi et heredibus meis in perpetuum. Et si ego et mei heredes in his bisanciis supradictis deficeremus infra XL dies, quod termini sunt constituti, quod non possumus habere, haberem licentiam capiendi terram, donec bisanciorum predictorum numerum plenarie haberem. Et post recuperatos bisancios . . . . men . . . . terras hospitalis suam terram . . . . . perer . . . . . que in ea sunt, in potestate hospitalis sit jure perpetuo. Et si Rutbertus et uxor sua vel eorum successores sua propria bona voluntate vellent in elemosinam dare vel vendere vel commendare de prescriptis bisanciis usque ad centum fratribus hospitalis, Roardus et uxor eius domina Gilla pro suorum remissione peccatorum et omnium parentum suorum et omnium fidelium defunctorum concesserunt hospitali. Iterum si Rotbertus et uxor sua et eorum heredes omnino deficerent et feudum reverteretur in manus domini, hospitale non debet dare nisi CCCC·bis. de censu unoquoque anno. Testes huius rei sunt Galterius Maledoctus, Rotbertus de Frandolio, Radulphus le borne, Pesellus de casali sancti Egidii et Dudo eius filius, Godardus de Buslus, Gybelinus filius Esquetini, Rotbertus nepos Bartolomei, Johannes de Bolona, Folco de Cremorin, Radulfus lo bos, Odo de Mozel, Angelrun de Bolona, Baldvinus lo Bufler, Galterius filius Yngonis et de fratribus hospitalis Berengarius preceptor hospitalis, Petrus Willelmi, Andreas de Venetia, Nicholaus, Stephanus. Isti sunt sacerdotes preter Berengarium, Amorainus, Raimundus thesaurarius, Rotbertus pincerna, Enricus, Geraldus de camera. Facta est carta ista anno ab incarnatione domini M^0 C^0 L^0. 8. Kal. Junii, luna XXIIII. Willelmus notarius hoc privilegium scripsit.

Original II, 1.

11. *1151. Februar 5. Robert von S. Gilles bekundet einige in Gemeinschaft mit seiner Gemahlin Odula dem Hospital gemachte Zuwendungen.*

In nomine sanctae et individuae trinitatis. Notum sit omnibus hominibus tam presentibus quam futuris, quod ego Robertus de casali sancti Egidii et uxor mea Odula habuimus diu quingentos bisancios de redditu de domo hospitalis Jerusalem per terram de Emaus et omnia sibi pertinentia, CC bis. de pascha et C in nativitate sancti Johannis baptiste et C in festo omnium sanctorum et C in nathale domini, et de illis CC bis., qui reddebantur mihi in termino pasche, C bis. solvi et dimisi et donavi ego Robertus et uxor mea Odula et omnes mei heredes cum omni bona voluntate domino deo et beato Johanni baptistae et sanctis pauperibus hospitalis Jerusalem et Raimundo magistro et omnibus fratribus clericis et laicis presentibus et futuris in perpetuum. Et CCCC bis., qui remanserint, hospitale debet mihi et uxori meae Odulae et heredibus meis in perpetuum reddere in eisdem terminis, scilicet C bis. in pascha, C bis. in nativitate Johannis baptiste, C bis. in festo omnium sanctorum et C bis. in nathale domini. Et si ego vel mei heredes in bis. predictis deficeremus per XL dies, quod termini sunt constituti, quod non possemus habere, ego haberem licenciam capiendi terram, donec omnes meos bisancios plenarie haberem et post, recuperatis meis bisanciis fratres hospitalis occuparent terram et per hos C bis., quos ego Robertus de casale sancti Egidii solvi et dimisi et donavi et uxor mea Odula et omnes heredes mei hospitali Jerusalem, Raimundus magister hospitalis precibus et voluntate mei et uxoris meae Odulae compulsus donavit mille bisancios in emptione casalis de Teira, quod est juxta Calanson, Pisello de casali sancti Egidii et Dudoni filio eius, concessu Gualterii Maledocti et uxoris eius Milisendis, de quibus Pisellus de casali sancti Egidii tenebat istud casale in feudum et Gualterius Maledoctus et uxor eius Milisendis laudaverunt et concesserunt hoc casale deo et beate Johanne et sanctis pauperibus hospitalis et magistro Raimundo et successoribus suis et sic concessit hoc casale Gualterius Maledoctus, quod nec ipse nec aliquis heres illius queret nec interrogabit de hospitali aliquod servitium umquam in perpetuum per hoc casale, quia solutum et liberum debet tenere et habere hoc casale hospitale et quicunque per hospitale habebit, et per hunc concessum et per hanc solucionem Gualterius Maledoctus habuit CCCC bis. de Roberto de casali sancti Egidii et Dodo filius Piselli per hunc concessum, quem fecit hospitali Gualterius Maledoctus, de hoc casali est factus homo Gualterii Maledocti et donat sibi unoquoque anno de censu C bis. tali pacto, quod de hospitali numquam ammodo in perpetuum aliquod servicium querat per hoc casale. His ita factis ego Pisellus de casali sancti Egidii et uxor mea Arsen et Dodo filius meus et uxor sua Agnes et Johannes filius meus per istos M bisancios reddidimus et tradidimus istud casale predictum de Teira deo et beato Johanni et sanctis pauperibus et Raimundo magistro hospitalis et tali pacto vestivimus et sativimus magistrum hospitalis de hoc casali, quod aliquis homo vel aliqua femina in hoc casali aliquid querere vel calumpniari nec possit nec debeat ammodo in futurum. Hoc viderunt et audierunt ipse Gualterius Maledoctus et uxor eius Milissendis, Pisellus de casali sancti Egidii et uxor eius Arsen, Dudo suos filius et uxor eius Agnes, Godardus de Busles et uxor eius Orsable et Johannes filius Piselli, Nicholaus de Arsur et Alven de Arsur et Fulco Rufus de Laodicia, Rotbertus de casali sancti Egidii, et uxor eius Odula et filia eius Helizabet, Stephanus de Napulis Nortmannus et Lericus suus filius et Rainerius vicecomes et multi alii, qui hic non sunt scripti. His ita preteritis ego Raimundus magister hospitalis vestivi et sativi Robertum de casali sancti Egidii et uxorem suam Odulam et suos heredes de hoc predicto casali de Teira, de quo eram vestitura satitus et possessor, ita quod Robertus de casali sancti Egidii et uxor sua Odula et eorum heredes sic teneant istud casale, quod nullum impedimentum ibi mittere possint nec mittant, et tali pacto feci hoc ego Raimundus magister hospitalis, quod si hos C bisancios supranominatos aliquis homo vel aliqua femina in futurum hospitali calumpniaretur, Robertus et uxor sua Odula et eorum heredes, quicunque tunc vixerint, debent removere istam calumpniam, et si facere non possent, magistrum hospitalis et fratres suos de hoc casali sine omni impedimento et sine omni calumpnia resacient et revestiant et recuperato casali post hospitale debet reddere CCCC bis. illi, qui hoc casale tenebit, quos CCCC bis. Robertus de casali sancti Egidii donavit in emptione casalis predicti ultra M bisancios, quos supra nominavimus, et post Robertus de casali sancti Egidii vel eius successor habeat suos D bisancios de terra de Emaus, si hec supradicta ita continguant fieri de hoc predicto casali. Huius rei testes sunt, qui hoc viderunt et audierunt, ipse Gualterius Maledoctus, Godardus de Busles, Guido filius Nortmanni de sancto Georgio, Robertus de Pinqueni, Erbertus de arcu vidae, Guibertus papah, Radulfus Bordin, Fulco nepos Bancelini, Petrus sepiarius, Boemundus frater Girardi de Accon, Gualterius nepos Rotberti de casali sancti Egidii, ipse Robertus de casali sancti Egidii de fratribus hospitalis. Nicholaus, Stephanus, Petrus de Gap, Giraldus Mainardi de sacerdotibus; de laicis Berengarius preceptor, Geraldus tesaurarius, Enricus pincerna, Gisbertus de camera et multi alii, qui hic non sunt scripti. Facta est carta ista anno ab incarnatione domini M⁰ C⁰ L⁰ I⁰, nonas Febr. die martis in festo sancte Agathe, luna XXVI, presidente in Jherusalem Fulcherio patriarcha, regnante Balduino rege Jherusalem quarto.

Original II, 4.

12. *1152. Juni 6. Maurinus giebt sich und seinen Besitz dem Hospital zu eigen und ordnet demgemäss seinen einstigen Nachlass.*

Notum sit omnibus hominibus tam presentibus quam futuris, quod ego Maurinus pro redemptione peccatorum meorum et pro salute animarum patris et matris mee omniumque parentum meorum corpus meum et animam meam dedi deo et sancto Johanni baptistae et beatis pauperibus hospitalis Jerusalem et dedi eis omnia mea jura rerum, quas habeo vel adquisiero, si sine legitimis heredibus de mea uxore morior. Et si deus concedit, quod ego habeam heredes de uxore antequam moriar, heredes jura sua habe[ant], hospitale Jerusalem jura, que mihi contingent, habeat. Et hoc donum fuit factum in ecclesia sancte Marie Tripolis ante presentiam domini Guidonis legati Rome et Balduini archiepiscopi Cesaree in manus domini Raimundi magistri hospitalis et aliorum virorum, qui huic dono adfuerunt, clericorum scilicet et militum et burgensium. Set ego Maurinus habeo ultra mare nepotem unum et unam nepotem de Guillelma sorore mea, quibus dimitto CC bis., unicuique C bis., et si post obitum meum infra unum annum contingat, quod illi in hac terra veniant, prefati bis. reddantur eis, unicuique C, et si contingat, quod in hac terra non veniant, hospitale reddat eis ultra mare istos bis. Et si unus ex istis nepotibus supradictis moriatur, antequam isti bis. reddantur, pars illius erit hospitalis, et si ambo moriantur, antequam isti bis. reddantur, omnes isti bis. erunt hospitalis. Cuius ego Maurinus et in vita et in morte sum frater redditus et in obitu meo erit factum servitium pro me sicut pro fratre. Hec autem carta facta est feria VI mense Junii, rege Balduino regnante. Anno ab incarnacione domini quinquagesimo secundo post millesimum luna XXIX, et Guido legatus prefatus hoc donum affirmavit et ad redemptionem peccatorum meorum fieri jussit.

Original II, 6, 1.

13. *1153. October 28. W[ilhelm] de Buris bekundet eine dem Hospital gemachte Schenkung.*

In nomine domini Jesu Christi. Amen.

Notum sit omnibus hominibus tam futuris quam presentibus, quod dominus W. de Buris dedit platlam illam totam, que est a domo hospitalis usque ad domum Petri generi Johannis Veniciani, deo et beato Johanni et pauperibus Jherusalem pro anima sua et pro redemptione animarum patris et matris sue omniumque amicorum et propinquorum suorum, et Petrus Godefridus dedit deo et beato Johanni et pauperibus hospitalis Jerusalem domum suam, que est iuxta hospitale, cum omni platea pro redemptione animarum patris et matris sue atque omnium amicorum et propinquorum suorum et domum et cortile Johannis Bufle et curiam Rorselli buhcerii. Hoc totum concessit deo et pauperibus Jerusalem. Testes sunt huius doni: dominus Gromundus, Loujs, Busellus, Robertus de Turri, Guarinus de Belci, Ubertus, Aimericus de Porta, Albertus, Golferius, Girardus de sancto Jacobo, Vivianus, Balduinus de Rama, Esquare miles, Aimericus. Anni ab incarnatione domini $M^0 C^0 L^0 III$. In festo Symonis et Jude fuit datum hoc donum.

Original II, 8.

14. *1154. Alexander, Sohn des Schildträgers Bernhard, schenkt mit Zustimmung seiner Gemahlin dem Hospital Mühlen zu Antiochien.*

✠ In nomine sanctae et individuae trinitatis, patris et filii et spiritus sancti. Amen.

In omni re, quae postulat ad memoriam posterorum deduci, prudenter oportet attendere rei ipsius actorem, ne ex incuria sua quod egerit quasi irritum videatur, cum de cetero memoriam effugerit posterorum. Eapropter omnibus sanctae matris ecclesiae filiis presentibus atque futuris innotescere volumus, quod ego Alexander, filius Bernardi scutiferi, una cum consensu et voluntate uxoris mee Marielle et heredum meorum et parentum donamus et concedimus in elemosina et pro animabus parentum nostrorum et peccatorum nostrorum remissione molendina nostra et quicquid nostri juris in eis est, quae sita sunt inter molendina domini principis et sancti Pauli ecclesiae, sancti Johannis hospitali Jherusalem et fratribus ibidem deo servientibus presentibus et successuris libere et quiete et absque aliqua contradictione in perpetuum habenda et possidenda. Sciendum est enim, quod hec donatio facta est assensu et voluntate domini Rainaldi, dei gratia Antiochenorum principis, et dominae Constanciae eorundem principisse donantibus eis et concedentibus ecclesie sancti Johannis hospitalis Jherusalem et fratribus ibidem commorantibus tam futuris quam presentibus ad remissionem peccatorum eorum et antecessorum eorum quicquid in prefatis molendinis eorum juris et dominii libere et quiete in sempiternum habendum et tenendum. Ut autem hoc donum ratum et firmum atque inviolabile in aeternum permaneat, his litteris anotari testibusque subscribi ac principalis sigilli impressione muniri feci. Factum est hoc privilegium anno ab incarnatione domini M⁰ C⁰ L^mo IIII⁰, indictione secunda. Huius vero doni sunt testes: Gaufridus Jordanis constabularius, Gauterus de Surda valle, Robertus filius Gaufridi, Petrus camerarius, Martinus de Margat, W. Tyrellus et Symon frater eius, Boneth, qui fuit vicecomes. Leo Maiopoli dux. W. Martini. Petrus panitarius.

Original II, 10.

15. *1156. Der Geistliche Roger schenkt ihm von seiner Mutter hinterlassene Häuser zu Jerusalem dem Hospital.*

✠ In nomine domini. Notum sit omnibus hominibus tam futuris quam presentibus, quod ego Rogerius clericus medios *(sic!)* domos juxta voltas hospitalis in ruga sancti Stephani manentes, coram quibus staciones nove sepulcri assistunt, quas mater mea Fraxenda in huius volatili *(sic!)* seculi exitu mihi dimisit, in cambium pro domo Goffridi de Karitate in ruga coquinate assistente hospitali trado, verumptamen ut hec domus predicti Goffridi firmius prenotetur ad viventium noticiam domum Poncii Ganne retro in eiusdem occipio et domum Willelmi palmerii in ascensu ruga parmentariorum a dextra sedentem et a sinistra domo Americi Guittardi de Maumeria assistentem describo. Predictus vero medias domos sine malo ingenio et expulsa omni calumpnia hospitali inpendo, quatenus in perpetuum habendi, possidendi vel vendendi et quicquid voluerit agendi licentiam habeat. Simili modo eademque cambii conditione necnon et affirmatione fratres hospitalis bona fide, sine dolo, remota omni calumpnia domum memorati Goffridi de caritate mihi Rogerio tribuerunt, laudaverunt et benigna voluntate concesserunt, et ut hoc cambium foret ratum ac stabile in perpetuum, hoc privilegium pacta supradicta continens sigilli hospitalis sigillare et imprimere scientes fecerunt, sicut ad presens videri ac perspici potest. Hoc itaque cambium Amoravius thesaurarius et Willelmus de Bellomonte consilio et concessu Geraldi Ugonis preceptoris hospitalis ac universalis capituli fecerunt. Huius rei testes Stephanus rufus, frater Johannes presbyter, frater Petrus de Opere, Ugo de Asinaria, Umbertus de Bar, Petrus Salomon, Guibertus Papais, Uldredus aurifex, Willelmus de Bethleem, Willelmus de Palmerio, Palais galicus, Fulcherio Jerosolimitane ecclesie patriarcha presidente et Balduino IIII⁰ rege regnante. Anno ab incarnatione domini nostri M⁰ C⁰ L⁰ VI⁰.

Original II, 13.

16. *1158. Januar 25. Hugo Ibelin schenkt ein bisher von ihm beanspruchtes Stück Land bei Mirabel dem Hospital.*

In nomine patris et filii et spiritus sancti. Amen.

Notum sit omnibus hominibus tam presentibus quam futuris, quoniam ego Hugo Ybelini consilio et auctoritate matris mee domine Aluise et fratrum meorum Balduini et Barisani dono et concedo omnipotenti deo et sancte Marie sanctoque Johanni babtiste necnon beatis pauperibus sancti xenodochii Jerusalem ac fratribus ibidem dei et pauperum servitio insistentibus terram illam, quam ego calumniabar inter molendinos de subtus Mirabellum et terram Spine et quam ipse pater meus in vita sua multociens calumniatus est. Illam proprie terram, sicut fratres predicti xenodochii laboraverunt ac annis et diebus in pace et sine calumnia tenuerunt, eis concedo et firmiter dono, consilio vero et concessu matris mee domne Aluyse fratrumque meorum Balduini et Barisani atque universis exclusis versuciis de omnibus habitis querelis sive calumniis sive quolibet possesso jure eis solutam, quietam ac commode liberam clamo, ita dumtaxat quod fratres hospitalis presentes et futuri absque omni calumnia et exactione mei et heredum meorum cuiuslibet viventis illam quiete et libere in perpetuum jure hereditario habeant et possideant vel quicquid voluerint sicut de eorum propria peragant. Huius rei testes sunt Filippus de Cafran, Simon de Laay, Petrus de Laay, Libertus Paganus de Rohais, Martinus Gazella, Ronaldus de tribus molendinis, Petrus Hugonis, Renaldus Claudus de Tyberiade. Item ex fratribus hospitalis: frater Garinus de Melna preceptor, in cuius manus hoc donum concessum et traditum fuit, et A. thesaurarius, G. Accon, P. de sancta Maria et Petrus Burgunnun. Hoc autem factum fuit anno incarnationis Jhesu Christi $M^o C^o L^o VIII^o$ in die conversionis sancti Pauli apostoli regnante Balduino rege IIII° in Jerusalem, A. ibidem patriarcha.

Original II, 18.

17. *1162. März 6. Adam, Prior von S. Abraham, schenkt dem Hospital ein Grundstück nebst Häusern in Antiochien.*

In nomine sancte et individue trinitatis, patris et filii et spiritus sancti. Amen.

Notum sit omnibus tam futuris quam presentibus, quod ego Adam dei gratia ecclesie sancti Abrahae prior et universus eiusdem ecclesiae conventus cuidam confratri nostro nuncupato Petro Jai suisque heredibus casale quoddam, quod vocatur Naharia, cum omnibus suis pertinentiis, quod et situm est iuxta puteum in via videlicet, qua de Antiochia itur ad pontem Farfaris, cum duabus preterea domibus in Antiochia sitis, quarum una erga sanctam Mariam rotundam, altera vero erga domum comitisse de Cerèph posita est, cum omnibus earumdem attinentiis domus et hereditario jure in perpetuum eisdem possidendas concedimus, salvo tamen jure uxoris Willelmi ostiarii et eiusdem unius solius heredis, hoc tamen pacto, quod census, quem uxor prenominati Willelmi et ipsius unus solus heres ecclesiae beati Abrahae unoquoque anno reddere solebant, prefato confratri nostro Petro et eiusdem heredibus suoque precepto omni occasione sublata libere et quiete deinceps persolvant. Si vero prefata uxor Willelmi hostiarii censum, quem diximus, Petro, de quo hic agitur, et eiusdem heredibus suoque precepto reddere noluerit, eandem potestatem et dominium, quod in sepefacto Guillelmo et suis exercere solemus, predicto Petro et suis heredibus concedimus. Post obitum vero uxoris prefate Guillelmi et unius eiusdem heredis res predicta, videlicet casale et domus cum suis omnibus pertinentiis ad Petrum et ad suos heredes et ad suum preceptum libere ac quiete et sine alicuius contradictione et calumpnia revertetur. Si autem predicta, de quibus locuti sumus, vendi contigerit, pretaxatus Petrus suique post ipsum heredes nobis prius significabunt et, si eam retinere voluerimus, eodem pretio quo alii habere debemus. Sin autem, cuicumque voluerint, eis vendere, invadiare, dare, salvo jure nostro liceat. Hoc preterea silentio preteriri consilium non fuit, quoniam Petrus Jai suique in perpetuum heredes ex annuo

censu nobis nostrisque successoribus et nostrae ecclesiae apud Acon XVI[im] bisancios sarracenatos de pascha in pascha persolvent. Notandum est siquidem, quod Petrum sepefatum orationum nostrarum et beneficiorum tamquam fratrem nostrum participem fecimus. Ipse enim ecclesiae nostrae matri suae CL bisancios dedit et circa eam se nitentem et sollicitum esse promisit. Factum est autem hoc anno ab incarnatione domini M⁰ C⁰ LX⁰ II⁰, Indictione IX, 2. Non. Martii. Regnante Amalrico Jerosolimitanorum rege V⁰, in presentia etiam venerabilis patris nostri domini Amalrici patriarchae Jherusalem, sub ipsorum, qui subscripti sunt, testimonio. Huius itaque rei testes sunt: Nicholaus dominici sepulcri prior, Arnulfus subprior, Godefridus thesaurarius, de canonicis sancti Abrahae: Odo de Golgata, Petrus diaconus, Stephanus, Guiscardus, Vivianus, Nicolaus, Paganus, Johannes Lumbardus, Petrus Arvernensis, magister Hugo, Petrus Burgundio, Amfredus, Willelmus Baldi, Johannes Raimundi, Johannes Turonensis, Raimundus, Petrus Bernardi et nepos eius Bartholomeus, Bernardus.
Original II, 22, 2

18. *1163. Eustach nebst Frau und Verwandten schenkt dem Hospital ein Grundstück am Thor von Jerusalem.*

╬ In nomine sanctae et individuae trinitatis.

Notum sit omnibus presentibus et futuris, quod anno incarnationis dominicae MCLXIII, Indictione XI Amarrico patriarcha presidente Jherosolimis, regnante venerabili domino Almarrico Latinorum rege quinto ego Eustachius et Agnes uxor mea et ego Adam niger et uxor mea Osmunda filiique nostri Bertinus et Robertus filiaque nostra Maholdis, uxor Stephani, quandam terram cum suis pertinentiis prope sanctum Stephanum, quae contigua est terrae hospitalis sancti Johannis baptiste, quod est in Jerusalem, et adjacens duabus viis, una quarum intrantibus et exeuntibus portam civitatis Jerusalem, quae dicitur sancti Stephani, est patula, altera ad vallem Josaphat tendens habet juxta se cisternam terrae prefatae pertinentem, que aperit os commune haustum prebens viantibus, deo et sanctis pauperibus hospitalis prefati et magistro domino Giberto fratribusque eiusdem et successoribus eorum in elemosinam contradidimus et impositione manuum nostrarum super altare sancti Johannis investituram eisdem bono animo parique voto fecimus, accipientes tamen de caritate eorum quingentos bizantios pro conformatione et confirmatione investiturae prefatae. Propter quod etiam decretum est a nobis et a circumstantibus, si calumpnia subsequuta inde vel orta fuerit, ut nos et hereditates nostre universae tutatores et defensores ac responsores simus et ut dampna per omnia ferentes, ut vulgo dicitur garant, existamus et calumpniam a quocumque illatam claudamus. Quod ut decrevimus fiet, si premissa calumpnia emerserit nihil contradicentes. Quod ut ratum et stabile amplius habeatur et in futuro ne infirmari vel incassari valeat, testes idoneos, in quorum presentia actum est hoc, in finem prescripti in medium producimus, de prefato hospitali domnum Petrum magistrum clericorum fratremque Perusinum. Hii duo sacerdotes sunt. Fratrem Wyllelmum diaconum, fratrem Guidonem de Moun, tunc temporis preceptorem, fratrem Giraldum thesaurarium, qui dictus de sancto Andrea, a quo etiam prefatos bisantios recepimus, fratremque Piotum custodem infirmorum fratremque Bernardum de Asinaria, fratrem Albertum Lombardum. De militibus dominum Rotardum castellanum turris David et vicecomitem Jerusalem Balduinum

Bubalum, Babinum, Petrum Armenum, Thomam patricium et Eustachium fratrem eius, Brahinum, Fulconem, Nigrum, fratrem prefati Adam. De juratis Jerusalem Petrus Bordinus, Rinaldus li Sachir, Jofridus de Torr, Johannes Ramandus, Lambertus cambiator, Willermus Norman, Robertus de Bugencei, Hugo de Tolosa, Petrus Salomon huic rei interfuérunt. Interfuit etiam Petrus de sancto Lazzaro, Petrus de sancto Jacobo, Stephanus Humberti, Rodulfus de sancto Petro, Rohardus filius Toseti et Manasses frater eius. Wyllelmus Patrun. Original II, 24.

19. *1165. Balduin v. Mirabel schenkt dem Hospital ein Stück Land bei Mirabel.*

✠ In nomine sanctae et individuae trinitatis, patris et filii et spiritus sancti. Quoniam ego Balduinus de Mirabella, filius domini Barisani, mea spontanea voluntate, consilio et auctoritate uxoris mee domine R. et fratris mei Barisani remedio animarum patris et matris mee dedi et concessi domui hospitalis quandam pecciam terre in territorio Mirabelle, eiusdem hospitalis vinee continuam, ex uno cuius latere terra sancti Lazari adjacet, ex alia vero via, que ducit ad casale Roardi et specialiter ad vineam plantandam illam, dedi et autorizavi ad usum et proficuum fratrum hospitalis et beatorum Christi pauperum, tali videlicet pacto, quod sine calumnia et molestia in perpetuum libere et quiete jure hereditario hospitale habeat et possideat. Hoc itaque donum egi et laudavi et assignavi in presencia et testimonio jam dicte uxoris mee et fratris mei Barisani et Gualterii Mirabelli vicecomitis et Aimerici fratris Filippi de Caphrana et Jordanis Ybelini, Osmundi, Hancherii et Morart et aliorum.

Item ego Balduinus in vinea, quam dedit Menardus et uxor eius deo et hospitali et pauperibus, quicquid ab eo in ea vel abere debeo, totum deo et ospitali concedo. Similiter et in vinea, que fuit Huberti patriarche, quicquid in ea habeo, totum Deo et ospidali concedo. Que vinee ambe sunt coniuncte et in una clausura manent. Et supradicta dona ego Balduinus laudo et confirmo et . . . . de Ybeli et Barisanus frater meus et R. uxor mea. Cuius rei testes sunt Guilelmus de Caphrano et Nicolaus de Ybelino et Gualterius vicecomes, et Osmundus et Ancherius et alii multi. Factum est hoc anno ab incarnatione domini M⁰ C⁰ LX⁰ V⁰ et in tempore fratris Aldini.

Original II, 31.

20. *1165. August 17. König Amalrich bestätigt den Verkauf gewisser am Meere gelegener Häuser zu Accon durch Arnulf von Curbinhi an das Hospital.*

In nomine sancte et individue trinitatis, patris et filii et spiritus sancti. Amen.

Notum sit omnibus tam presentibus quam futuris, quod ego Amalricus, per dei gratiam in sancta civitate Jherusalem Latinorum rex quintus, concedo et confirmo domui hospitalis sancti Johannis, omnibus videlicet deo et pauperibus in ea servientibus nunc et servituris in perpetuum domos illas, quas vendidit eis Arnulfus de Curbinhi, que sunt inter murum urbis Accon et mare. Dedit enim predictus Arnulfus et vendidit iam dictas domos domui hospitalis prefate pro mille bisanciis et de illis M bisanciis dimisit pro salute anime sue Arnulfus ducentos bisancios in elemosinam. Ut itaque fratres hospitalis pretaxati ad usus pauperum quiete, solute et omni sine exactione domos tociens dictas in eternum possideant, cartulam istam sigillo meo et testibus subscriptis communio. Factum est hoc anno incarnationis domini M⁰ C⁰ LXV⁰, Indictione XIII.

Huius rei testes sunt Galterius princeps totius Galilee, Hugo de Cesarea, Gormundus de Tiberiade, Guillelmus marascalcus, Guido de Maneriis, Hubertus de Acohn, Petrus Nemausensis, Johannes Guido, Vivianus. Datum Achon per manum Radulfi episcopi Bethl. et regis cancellarii. 16. Kal. Septembr.
Original II, 34.

21. *1166. Boemund von Antiochien bestätigt die Erwerbung des Erbes des Bürgers Petrus Gay durch das Hospital und Bartholomäus de Moissac.*

In nomine sancte et individue trinitatis, patris et filii et spiritus sancti. Amen.

Boamundus, ego dei gratia princeps Antiochenus, notifico tam presentibus quam futuris, quod mortuo Petro Gayo burgense meo multi eius creditores venerunt in curiam meam conquerentes et res suas, quas eis debebat, petentes, quod inquam debitam in curia cognitum fuit ac propalatum. Et quia tanta fuit debiti quantitas, quod de ipsius mobili et suppellectili persolvi non poterat, decrevit curia mea, ut eius venderetur hereditas ac inde persolvantur debita. Preconizata igitur et edicta eius hereditate venali per tótam civitatem Antiochie diebus multis, qui plus dare voluit, promisit et obtulit tantum tria milia bisantiorum et ducentos, Bartholomeus vero de Moissac plus aliis promittens sex milia ducentosque bisancios se daturum spopondit. Et quoniam tria milia plus quam dii promisit, decrevit curia mea, ut ipse hanc haberet hereditatem et de tribus milibus bisanciorum, quos ipse solus promiserat emptionique accreverat, illud solum persolveretur debitum, quod Bartholomeus ex proprio suo pro Petro Gayo reddiderat et emendaverat, videlicet mille septingenti septuaginta septem bisancii sarracenati, alia vero tria milia et ducenti bisancii ceteris persolverentur creditoribus, ut curia jam decreverat. Et quoniam justa et legalis hec emptio erat curiaque mea decreverat, volui et concessi, ut Bartholomeus hanc habeat hereditatem cum domo hospitalis sancti Johannis Jherusalem, quam sibi in socium elegerat. Est autem hec hereditas gastina sancti Basilii, que fuit de hereditate Michaelis magni et Georgii Raiz et Theodori notarii ducis, pro qua gastina Petrus Gayus dabat singulis annis de dimos Michaeli predicto quatuor bisancios Georgioque Raiz duos et Theodoro notario ducis duos. Hec itaque gastina tenet se ex una paŕte ad vineas de Boordiz, ex alia parte ad gastinam sanctorum Machabeorum, parte vero ex altera est gastina sancti Simeonis, quam Aimericus Richerius ad presens possidet. Adjacet autem huic gastinae quedam pecia terrae, que fuit de hereditate Michaelis magni, quam dividit parvus fluvius ab occidente, et habet ex alia parte vineas sancti Georgii et vineas Hugonis Darenc et vineas Alexandri de Porta. Hanc igitur peciam terre et supranominatam gastinam cum turri et aliis edificiis et terra gasta et vineis, que proprie fuerunt Petri Gaii, et census aliarum vinearum, quas alie gentes ab illo habebant, dono et concedo predicto Bartholomeo heredibusque suis et domui hospitalis sancti Johannis de Jerusalem sub equali proportione per medium divisa jure hereditario habendam in pace et sine calumpnia in perpetuum possidendam, ut possint vel vendere vel donare ecclesiis aut religioni aut parentibus vel quibus voluerint vel in pignore ponere, salvo tamen predicto dimos octo bisantiorum, quos prefatis hominibus meis persolvere debent singulis annis, et hoc donum litterarum inscriptione principalisque mei sygilli impressione munio et confirmo. Huius rei testes sunt Silvester cognatus prin-

cipis, Bernardus cancellarius, Robbertus filius Gaufredi, Eschivardus senescalcus, Willelmus Baufre dux Antiochie, Bonablus, Gaufredus, Falsardus, Vassilius vicecomes, Petrus de Mclfa, Borrellus, Terricus de Tornai, Aimo medicus, Andreas Lombardus, Boninus. Factum est autem hoc anno principatus mei III⁰ et ab incarnatione dominica M⁰ C⁰ LX⁰ VI⁰. Indictione XVᵃ.
Original II, 36.

22. *1166. Hugo von Caesarea schenkt dem Hospital sein Casale Hadedun nebst Zubehör.*

☩ In nomine patris et filii et spiritus santi, sancte scilicet et individue trinitatis. Amen.

Noverint omnes tam futuri quam presentes, quod ego Hugo, dei gratia dominus Caesaree Palestinae, misericordiae intuitu compunctus una cum uxore mea Isabella dono, concedo et trado deo et beato Johanni baptistae et beatis pauperibus Jerosolimitani xenodochii et fratribus eiusdem in manu Giberti, tunc temporis venerabilis hospitalis Jerusalem magistri, habere quiete et absque alicuius in posterum juris exactione pro animae meae et totius generis mei remedio casale, quod vocatur Hadedun, cum omnibus pertinentiis, duabus gastinis necnon et divisionibus suis tam antiquis quam modernis videlicet a regione occidentis habens dunas . . . . civitate vero casale domini Hugonis Scuflelli a septentrione sicut flumaria protenditur, per quoddam berchile vetus terminatur sancti Michael, et alio casali domini Engelberti, ab oriente per quoddam berchile terminatur cum casali Templi Domini, a meridie per toronem bufali terminatur cum casali domini Amalrici et cum Seraphie terra archiepiscopi usque ad magnum lacum, sicut ego cum hominibus meis fratribus hospitalis assignavi, cum omni meo sive alterius, quod in eo possidebam, jure vel dominio, et hospitale Jerusalem ad usus pauperum illud perpetuo jure habeat et omni cavillatione in posterum sopita in pace possideat. Addo etiam huic mee donationi quoddam curtile, quod fuit olim Urrici Tendille, et salinam turris Gervasii cum tantundem terre, in qua sal plenarie possit fieri et domus incolarum hedificari. Que omnia supradicto modo dono, concedo et trado hospitali Jerusalem in elemosinam pro remissione peccatorum meorum et totius generis mei, ut nichilominus hospitale Jerusalem in pace prefata habeat et perpetuo possideat. Et ut donatio mea firmior et robustior permaneat, a predicto hospitali per manus fratrum duo milia bisant. caritative recepi et habui pro prefato nominatim casali Hadedun. Si qua vero in posterum persona hanc meam donationem legitime factam calumniari seu . . . . . calari voluerit, tam ego quam omnes heredes mei predicta omnia hospitali Jerusalem defendere et manutenere usque in sempiternum debemus. Ego siquidem Petrus Perrez et uxor mea Maria et liberi nostri Paganus et Mathalia sepedictum casale Hadedun pro assisia, quam dominus Ugo de Cesarea nobis dedit, cum omni jure, quod in eo habebamus, abrenuntiamus et donum, quod inde fecit hospitali Jerusalem, laudamus et confirmamus et pauperibus eiusdem perpetuo possidendum concedimus. Amen. Factum est hoc anno incarnationis dominice M. C. LX. VI. Ind. XIII. Regnante Amalrico Latinorum Jerusalem rege V. Presidente domino Amalrico dominicae resurrectionis patriarcha. Huius rei vero sunt testes Petrus Costi, vicecomes Cesaree, dominus Robertus de Cozi, dominus Bertinus, dominus Rainerius de Galenie, dominus Carlus, dominus Rogerius Gualez, dominus Ernaldus filius Heri, Petrus de Fossato vicecomes de Calenzun, dominus Paganus de Calenz, dominus Gervasius Cesaree, Rohardus Rufus, Petrus de sancto Germano et plures alii et dominus Johannes Costi, qui postea, primus absens, testis interfuit.

Original II, 37.

23. *1167. März. Amalrich, Patriarch von Jerusalem, schenkt dem Hospital ein Grundstück in Jerusalem und erlässt ihm eine bisher gezahlte Abgabe.*

In nomine sancte et individue trinitatis, patris et filii et spiritus sancti. Amen.

Ne in futurum oblivionis obfuscetur incomodo vel prave suggestionis immutetur consilio, quod bona fide facimus, presenti scripto ad posteros nostros transmittimus. Notum sit igitur tam presentibus quam futuris, quod ego Amalricus dei gratia sancte Resurrectionis ecclesie patriarcha assensu et consilio Petri prioris ecclesie dominici sepulcri et totius capituli nostri donamus et concedimus hospitali sancti Johannis Jerusalem libere habendam et quiete in perpetuum possidendam quandam terram, que his includitur terminis: ab oriente sunt domus Petri clerici, ab occidente et aquilone est porcharia patriarchalis et monasterium grecarum monialium; a meridie sunt domus Rotberti medici et monasterium sancti Georgii. Insuper etiam jam dicto hospitali donamus quendam bisantium, qui dabatur nobis ab ipso censualiter pro domibus Rotberti medici. Sciendum vero est, quod pro prefata terra et bisanzium accepimus a sepedicto hospitali in concambium quasdam domos, que fuerunt Rainaldi de Monte laudato, que videlicet sunt inter vicum coquinati et vicum parmentariorum in angulo illo, quo itur ad sepulcrum domini, cum omnibus pertinentiis suis. Notandum quoque, quod murus, quem hospitale in jam nominata terra faciet, communis erit ad edificandum tam nobis quam hospitali. Ut autem hoc in futurum ratum maneat et inconvulsum, presenti scripto et subscriptis testibus confirmamus et sigilli nostri impressione communimus. Testes sunt de clericis: Rainaldus capellanus, Rotbertus de Lochis diaconus, Rotbertus de Thesauro diaconus, Petrus clericus, Johannes clericus de capella. De laicis: frater Fulcomar, frater Tethuidus, Gaufridus dapifer, Rotbertus de Pingquegni, Audebertus pincerna, Arnus mareschalcus, Aubertus Lombardus, Poncius gener eius, Willelmus Ebraut, Robertus de Baugenci, Johannes Turonensis, Fulco aurifaber, Petrus de sancto Lazaro et filius eius Petrus et alii multi. Data per manum Amalrici cancellarii, anno ab incarnatione domini M⁰ C⁰ LX⁰ VII⁰, mense Martio. Indict. XV. Epacte XXVIII. Regnante in Jerusalem Amalrico rege Latinorum quinto.

Original II, 39.

24. *1167. April. Balduin von Ibelin, Herr von Mirabel, schenkt dem Hospital abgabenfrei alles, was demselben von seinem Vater in Nablus zugewandt worden ist, sowie den Zehnten an anderen genannten Orten.*

In nomine sancte et individue trinitatis, patris et filii et spiritus sancti. Amen.

Notum sit omnibus tam presentibus quam futuris, quod ego Balduinus de Ybelin, dominus Mirabelli, pro salute anime mee et remissione peccatorum meorum necnon et patris matrisque mee atque predecessorum meorum, vivorum quoque parentum meorum ac heredum meorum favore domini mei venerabilissimi regis Amarrici et assensu domini et fratris mei Hugonis de Ybelin et Baliani fratris mei et domine Richelde' uxoris mee dono et concedo in perpetuo hospitali sancti Johannis, quod est in Jerusalem, et pauperibus Christi quicquid hospitale Neapolis de elemosina patris et matris mee atque predecessorum meorum ac mea habuisse dinoscitur libere et quiete atque absque omni calumpnia, videlicet domos, edificia, vineas, terras cultas et vastas, que de jure et pertinentiis hospitalis Mirabelli sunt et domus Neapolis, et redecimacionem Mirabelli, Lucerie, Marescalcie, Rentie et Cafreherre, quam episcopum sancti Georgii recepit· primam decimam et hospitale secundam. Huius rei testes sunt idonei: Nicholaus de Ibelin, Osmundus frater eius, Morardus, Gualterius vicecomes Mirabelli, Symon filius Marsilii, Johannes Arabi, Ernaldus mercator, Petrus Tyberiadis. Hec igitur facta sunt Ramule anno ab incarnatione domini nostri . . . . Kal. Maii, tempore magistri Gir . . . . anni preceptoris et fratris Oldini.

Original II, 40.

25. *1167. October. Isabella, Einwohnerin von Cäsarea, urkundet über den Verkauf einer Verkaufsbude.*

In nomine patris et filii et spiritus sancti. Amen.

Noverint omnes tam presentes quam futuri sancte matris ecclesie filii, quod ego Isabella, civitatis Cesaree Palestine colona, unam apothecam, que vulgari quidam vocabulo statio nuncupatur, domui quondam Johannis d.. ... pitali contiguam pro XXX bisantiis et XII nummis Alberto clerico, prefati Johannis olim filio vendidi, concessi, tradidi et tam a jure meo quam meorum heredum perpetuo alienavi, ita videlicet, quod· tam prefatus Albertus clericus quam sui heredes eam libere et hereditario jure omni in posterum cavillatione sopita habeant, teneant et possideant et absque omni contrarietate vendendi, alienandi vel cuilibet religioni donandi potestatem habeant. Verum ut hec mea legitima venditio firma et inconcussa perpetuo permaneat, in curia coram juratis civitatis Cesaree Palestine concessi et filia mea nichilominus cessit, laudavit et tam a sua quam a heredum suorum proprietate et jure alienavit. Huius rei testes sunt Petrus de sancto Germano, Ugo Taronensis, Herbertus cambiator, Engelerius, Spinasellus, Heldebrandus, Bartholomeus cordoenarius, Johannes Franceis et Hugo senescalcus domini. Factum est autem hoc anno incarnationis dominice M° C° LX° VII°. Indictione XV^a, mense Octobris.

Original II, 44.

26. *1167. Patriarch Amalrich bestätigt den Verkauf der im Patriarchenviertel gelegenen Häuser des Arztes Robert an das Hospital.*

In nomine patris et filii et spiritus sancti. Amen.

Notum sit tam presentibus quam futuris, quod ego Amalricus, dei gratia sancte resurrectionis ecclesie patriarcha, laudo et concedo hospitali sancti Johannis Jerusalem quasdam domos, que sunt in quarterio nostro super lacum, quas videlicet domos Rotbertus medicus et heredes ipsius assensu et voluntate nostra eidem vendiderunt . . . . . et libere eas . . . . . quiete in perpetuum possideat. Prefatum vero hospitale vel quicunque domos illas ab ipso [habue]rit, nobis et successoribus nostris patriarchis unum bizantium censualiter reddet ad festum captionis Jerusalem. Sciendum vero est, quod neque hospitale neque jam dictarum domorum futuri possessores aliquod jus vel aliquam potestatem habebunt hauriendi aquam in lacu balneorum nostrorum. Ut autem hec nostra concessio in futurum rata maneat et inconvulsa, presenti scripto et subscriptis testibus confirmamus et sigilli nostri impressione munimus. Hoc autem factum fuit tempore Gisberti tunc temporis magistri hospitalis et Guigonis preceptoris et Casti thesaurarii et Raimundi Tyberiadis marescalci et fratris Pioti custodis infirmorum et totius capituli assensu. Testes sunt de clericis Rainaldus de Capella, Rotbertus de Lochis diaconus. De laicis Petrus Lombardus, Gaufridus Taronensis, Rotbertus de Pinquegni, Willelmus Normannus, Willelmus Ebraut, Petrus de sancto Jacobo, Lambertus cambiator, Pelerinus, Petrus de sancto Georgio, Petrus Porchet, Johannes Taronensis. Data per manum Amalrici cancellarii anno ab incarnatione domini M⁰ C⁰ LX⁰ VII⁰, Indictione XV^a, Epacta XXVIII^a, regnante Jerosolimis Amalrico Latinorum rege quinto.

Original II, 42.

27. *1168. Amalrich, Vicomte von Nablus, schenkt dem Hospital ein Grundstück.*

In nomine patris et filii et spiritus sancti. Amen. Notum sit omnibus tam presentibus quam futuris sancte matris ecclesie filiis, quod ego Amalricus vicecomes Neapolitanus, filius quondam Balduini bone memorie Neapolitani vicecomitis, pro salute anime mee et patris mei pie recordationis B. et totius generis mei dono et trado et in perpetuam elemosinam assigno deo et beato Johanni baptiste et hospitali Jerusalem et venerabili magistro Rogerio de Molinis et fratribus eiusdem domus ad usus pauperum Christi quandam petiam terre inter Tare et Seletes casalia eorum et Loie casale meum jacentem, ut hospitale Jerusalem et magister et fratres eiusdem tam presentes quam futuri prefatam petiam terre prefatis casalibus collaterralem habeant libere et quiete possideant et perpetuo jure et hereditario teneant. Ut autem hec mea elemosina pietatis intuitu facta rata et firma permaneat et nullius viventis contrarietate perturbari valeat, sigilli mei auctentica impressione presens scriptum muniri et subscriptis testibus corroborari feci. Facta est autem hec mea donatio anno ab incarnatione domini M. C. LX. VIII. Indictione XII. Huius rei testes sunt: Bernardus parmentarius, Henricus filius domini Dodonis, Suelardus eius frater, Amicus fratri *(sic!)* domini Guidonis, Henricus Muschet, Johannes Anglicus.

Original II, 49.

28. *1173. Hodeardis, die Wittwe Odos von Verdun, schenkt unter Zustimmung ihrer Söhne, Töchter und Schwiegersöhne dem Hospital ein Grundstück zwischen Hakeldama und dem Wege nach Bethlehem.*

☩ In nomine sancte et individue trinitatis, patris et filii et spiritus sancti. Amen.

Cum temporales huius mundi res caduce sint et transitorie, ad ea domini in terra viventium bona, que perennia sunt et eterna, totis viribus hanelare debemus dicentes cum apostolo: Non habemus hic manentem civitatem, sed futuram vitam quérimus. Unde ego Hodeardis quondam Otonis de Verduno uxor superne patrie amore accensa . . . . bona voluntate laudo . . . . . . et Henrici et Guidonis et filiarum mearum Isabelle uxoris Johannis Aschetini et Benedicte uxoris Goffridi filii Symonis judicis necnon et Jaoze uxoris Henrici balistarii et earundem maritorum et heredum, tam presentium quam futurorum quoddam curtile nostrum inter viam publicam, que ducit ad Bethlehem, et

viam, quo ducit ad Acheldemach, et lacum Germani et ortum hospitalis situm dedimus, concessimus et in perpetuam elemosinam pro anima mariti mei bone memorie et nostrarum et totius generis nostri salute tradidimus et super omnes res nostras tam successores nostri hoc nostrum legitimum donum contra omnes viventes, si forte aliunde calumnia subreperit, manutenere et defendere debemus, deo et sancto Johannis baptiste et cunctis pauperibus Jerosolimitani xenodochii et eiusdem domus venerabili magistro Josberto et fratribus, quatinus prefatum curtile predicta sancta domus hospitalis ad usus pauperum Christi in perpetuum habeat et teneat et omni in posterum calumpnia sopita hereditario jure possideat. Ut autem hoc nostrum donum firmum et usque in perpetuum illibatum permaneat, pro recognitione et eiusdem doni confirmatione septingentos et LX bisantios a domus hospitalis fratribus caritativa manu accepimus et ipsi fratres tam omne genus nostrum quam nos in confraternitate et omnium beneficiorum sancte domus participatione nos receperunt. Nos vero Henricus et Guido hoc donum super omnes res nostras quarantire et defendere debemus. Nos autem Isabella cum Johanne marito meo et Benedicta cum Joffrido viro meo et Jasza cum Henrico balistario conjuge meo et omnibus heredibus nostris tam presentibus quam futuris hoc donum confirmare, quarantire et defendere debemus. Factum est autem hoc in curia domini regis A[malrici] in Jherusalem, qui hoc donum laudavit, consensit et pro salute anime sue et totius generis sui confirmavit. Anno incarnationis dominice M⁰ C⁰ LXXIII. Huius rei testes sunt Hernulfus de Blanca guarda tunc vicecomes, qui venditiones inde accepit iure regio. Magister Gonscelinus, Symon juratus. Joffridus
. . . . Guillebertus de Pinkeni. Lambertus
. . . . patriarcha. W. de Ponz. Johannes
. . . . Briccic. Bartholomeus juratus.
. . . . tus Tortus. Petrus ab sancto Lazaro. Petrus
. . . . de sancto Jacob. Jacobus gener. Gilleb.
. . . . de Pinkeni. Ricca . . . .
. . . . tinus.
Original III, 11. Original; beschädigt; eine Ecke fehlt.

29. *1173. Josbert, Meister des Hospitals, bekundet die Ueberlassung von zwei dem Hospital gehörigen Häusern gegen Zins an Arion Jacobinus.*

In nomine dei et domini nostri Jesu Christi. Amen.
Notum sit omnibus sancte matris ecclesie fidelibus, quod ego Josbertus dei gratia s. . . . . humilis minister consensu et voluntate tocius capituli nostri dedimus et tradidimus per manus fratris Bernardi magistri . . .
. . . [A]rioni Jacobino unam domum nostram et terram vacuam juxta in Jerusalem in curtilio, quod dicitur Belveer, quatinus ipse et heredes ipsius eam habeant et possideant hereditario jure in perpetuum, tali conditione, quod annuatim dent sancto hospitali cens . . . . . , videlicet quatuor bis. in festo sancti Johannis baptiste. Si quid vero superhedificaverint et vendere illud voluerint, hospitali vendere . . . . erno bis. quam alteri. Quod si noluerimus, nostra licencia vendent vel invadient cuicunque voluerint salvo censu et jure hospitalis exceptis ecclesiis et militibus. Si vero dei dispositione ipse Arion obierit, dat pro salute anime sue terciam partem sue portionis domus et terre . . . . . hospitali. Unde tradidimus ei hoc scriptum nostro sigillo munitum

anno incarnationis domini M⁰ C⁰ LXX⁰ III⁰ mense Octobri. Existente patriarcha Jherusalem venerabili Amalrico, regnante Amalrico Francorum rege quarto. Testes sunt Guorig...... Melna preceptor, frater Stephanus thesaurarius, frater Willelmus de Forgia custos egrorum, frater Petrus custos operis. Testes civitatis........ Gancellinus castelli, Robertus nepos Radulfi dragomani, Petrus tornator.
Original III, 8.

30. *1174. Februar. Boemund von Antiochien bestätigt dem Hospital eine von Garentonius von Saona gemachte Schenkung.*

† In nomine patris et filii et spiritus sancti. Amen. Notum sit omnibus tam futuris quam presentibus, quod ego Boamundus, principis Raimundi filius, dei gratia princeps Antiochenorum, deo et gloriose virgini Marie et beato Johanni et sanctis pauperibus hospitalis Jerusalem et Josberto eiusdem magistro et fratribus futuris et presentibus in manibus fratris Garini de M........ predicti hospitalis preceptoris donum illud, quod Garentonius dominus Saonensis in elemosinam pro salute anime sue fecit super Tricaria et omnibus eius pertinenciis, dono et perpetuo jure concedo. Illud etiam juris quicquidve dominii in eadem videlicet Tricaria habeo et possideo et possidere debeo, concessu et voluntate principisse Orgollose uxoris mee, patris quoque et matris et parentum meorum omnium eidem hospitali et fratribus, ut scriptum est, libere, absolute et quiete dono, concedo et hereditario jure habendum et in perpetuum possidendum confirmo ac bono animo irrevocabiliter trado. Cum his quoque dono supradicto hospitali Jerusalem quendam Surianum nomine Bonmossor manentem in urbe Gabuli et liberos suos cum omni eorum jure et rebus, in urbe vero Laodicie nominato hospitali Judeum quendam, qui apud Latinos Garinus apellatur........ similiter dono et concedo. Ut autem hec mea concessio rata sit donumque meum firmum permaneat et inviolabile, litterarum inscriptione ac principalis sigilli mei impressione et testium annotacione munio et corroboro. Huius rei testes sunt: Silvester cognatus principis, Johannes de Salquino, Hodvinus de Merrolis, Eschivardus, Guischardus de Insula, Guilelmus de Cavea marescalcus, Paganus de Castellin, Garinus Guegnarz, Symon burgensis dux Antiochie. Datum per manum Constantini clerici mei. Anno dominice incarnacionis M⁰ C⁰ LXX⁰ IIII⁰, principatus vero mei XI⁰. Mense Februario.
Original III, 18.

31. *1174. Rainald Masuer schenkt dem Hospital die Casalien Tyron und Corveis und die Gastine Myoeis.*

In nomine patris et filii et spiritus sancti. Amen. Notum sit omnibus hominibus tam futuris quam presentibus, quod ego Rainaldus Masneri, filius Rainaldi Masneri, dono et habendum concedo pro salute animarum patris et matris mee infantumque meorum et antecessorum consilio, bona voluntate et assensu gratuito filii mei Bertrandi deo et sancto Johanni baptiste et beatis pauperibus hospitalis Jerusalem et Josberto eiusdem magistro et fratribus presentibus et successuris per manus fratris Guarini de Melna, hospitalis eiusdem preceptoris, casale, quod dicitur Tyron, cum omnibus divisis et pertinentiis suis et casale, quod vocatur Corveis, cum pertinentiis suis et divisis, quemadmodum Sarraceni antiquitus tenere solebant ipsum casale nominatum Corveis videlicet praeter districtum et quod infra districtum continetur versus ipsum castellum de Margat. Dono etiam eidem hospitali guastinam de Meois cum suis divisis et pertinentiis omnibus et jardinum, qui est ante portam domus hospitalis Valenie, et pratum, quod est ante casale Tyrum habendum libere et quiete et in perpetuum possidendum et absque aliqua exactione tenendum. Cum his etiam concedo et possidendum confirmo eidem domui hospitalis et fratribus donum illud, quod fecit jam dicte domui hospitalis Abdelmezzie raiz de Margat, videlicet tres partes unius casalis, quod dicitur Meserafe, ita tamen ut omnia bona casalis futura, tam fructuum siquidem quam aliorum redditum parciantur cum Georgio genero nominati Abdelmessie, qui eiusdem casalis habet quartam partem, secundum quod pars sua exiguerit quarta, et quod dominus Martinus de Nazareth eidem domui hospitalis dedit, scilicet terciam partem trium casalium Beluse, Archamie, Cordie, ita tamen ut domus hospitalis in unoquoque trium casalium jam dictorum tres habeat per omnia partes. Cum equidem omnibus dono et confirmo domui hospitalis Jherusalem et magistro Josberto pro salute anime mee et omnium amicorum tam vivorum quam mortuorum ad sanctorum pauperum sustentacionem et procurationem Rogie medietatem cum omnibus pertinentiis suis et divisis libere et quiete et sine contrario quicquid de presentibus in posterum debeat provenire in perpetuum possidendam et jure perpetuo tenendam et habendam. Huius rei testes sunt: Gilius de Alaint, Hugo Rufus, Alverus castellanus de Margat, Almericus de Thevila, Martinus de Nazareth, Basilius, magister Rainerius, Georgius raiz de Margat, Dros de curia. Anno ab incarnatione domini $M^0 C^0 LXX^0 iiii^0$.

Original III, 17.

32. *1175. Juli. Johannes, Vicomte von Tripolis, und seine Gattin Wilhelma bestätigen eine von der verstorbenen Mutter der letzteren, Alemandina, dem Hospital testamentarisch zugewandte Rente.*

In nomine sancte et individue trinitatis, patris et filii et spiritus sancti. Amen.

Quoniam que in humanis actionibus constituuntur, facile labuntur a memoria, ne memoria cedat oblivioni, litteris in scedula scribere constituimus, ut notum sit omnibus tam presentibus quam futuris, quod domina Alemandina, que dudum fuit uxor domini Rostandi de sancto Muntando, in decessu suo, prout debuit, fecit testamentum et in eodem testamento pro anime sue redemptione dimisit X bis. annuatim persolvendos pauperibus hospitalis sancti Johannis de Jerusalem super omnem heredidatem suam tali pacto talique conditione, ut quicunque predictam hereditatem tenuerit, prefatos decem bis. annuatim prefate domui pauperum in integrum restituat. Quapropter ego Johannes vicecomes Tripolitanus et domina Willelma uxor mea, supradicte Alemandine filia, ad quam predicta hereditas pertinet, et illi et mihi pro illa post dominum Rostandum omnino reverti debet prelibatum helemosinam in tantum, quantum ad nos pertinet, obnixe confirmamus. Insuper quando ad nos pretaxata hereditas integre reversa fuerit et hereditario nobis omnino restituetur, promittimus et quod plus est, concedimus suprascriptum helemosinam, vid. X bis. prelibate domui annuatim integre persolvere, ut pro illa helemosina cum predicta domina Alemandina orationibus pauperum aliisque beneficiis in supradicta domo assidue factis in eterna felicitate participes esse possimus. Et ut magis ratum habeatur et inconvulsum de proprio sigillo nostro hanc paginam communire decrevimus. Huius rei testes sunt: Pontius de Sura, Raimundus de Sura, dominus Saissur, Willelmus Catalani, Rollandus Dauria, Pontius bos, Willelmus de Besenz, Willelmus de Antiochia. Hec cartula fuit facta anno ab incarnatione domini M⁰ C⁰ LXX⁰ V⁰. Inditione VIII^a, Concurrente II, Epacta XX^a VI^a.

Datum Tripoli mense Julio. Luna XX^a V^a per manum fratris Arnaudi Lombardi, qui tunc preceptor erat domus hospitalis Montis Peregrini. Hoc memoriale scripsi ego Stephanus sacerdos . . . . . . vicecomitis Tripolitani.

Original III, 32.

33. *1175. August. Amalrich, Patriarch von Jerusalem, bestätigt dem Hospital geschenkte Zehnten und Baugerechtigkeit für gewisse zu erwerbende Häuser.*

☩ In nomine sancte et individue trinitatis, patris et filii et spiritus sancti. Amen.

Notum sit omnibus hominibus tam presentibus quam futuris, quod ego Amalricus, dei gratia sancte Resurrectionis ecclesiae patriarcha, piis precibus dilectorum filiorum nostrorum Josberti magistri hospitalis et fratris Garini preceptoris aliorumque fratrum eiusdem domus consensu capituli mei pro salute animae meae et predecessorum meorum dono et concedo in perpetuum in helymosinam ad utilitatem et maiorem requiem infirmorum, qui inibi procurantur, censum, quem habebam in domo, que fuit Rotberti de Belgenci, qui tunc temporis erat viginti biz. singulis annis in pascha persolvendorum. Et concedo, ut si quando hospitalarii tam eandem domum quam domos Willelmi Patroni et abbatisse sancti Lazari et Petri sollarii. et Partani, que videlicet quinque domus omnes sunt in vico, qui descendit a porta David ex parte domus hospitalis, vel emptione vel alio justo modo poterunt adipisci, liceat eis libere et inibi pro libito suo edificare absque aliqua mei vel successorum meorum contradictione. Prenominati vero magister et preceptor communicato consilio totius capituli hospitalis in recompensationem donationis istius et concessionis donaverunt et firmiter concesserunt in perpetuum tam mihi quam successoribus meis patriarchis censum, quem habebant in domo Odonis de Barulo, qui tunc temporis erat triginta sex biz. et reddebantur annuatim duobus terminis, in pascha videlicet decem et octo biz. et in festo sancte Crucis decem et octo biz., et censum, quem habebant in domo Henrici Alemanni, qui scilicet tunc temporis erat sexdecim biz., quorum medietas reddebatur singulis annis in nativitate domini et altera medietas in nativitate sancti Johannis. Que siquidem domus, scilicet prefatorum Odonis et Henrici, ambe sunt contigue in vico, qui ducit ad portam sancti Stephani, in quarterio meo et habent a septentrione domos de censu hospitalis et a meridie contiguantur cuidam volte, que est similiter de censu hospitalis et habet super se sitam domum cuiusdam Siriani, insuper et censum, quem habebant in statione Lamberti patriarche, que est in vico conquinatorum, qui tunc erat septem biz. in medio Marcio annuatim persolvendorum, quam videlicet stationem canonici dederunt quidem hospitalariis pro concambio terre vacue, quam habebant ante portam sancte Elenae, necnon et censum unius biz., quem solebant singulis annis recipere pro eodem concambio a prefatis canonicis in festo beati Sepulcri, que omnia connumerata erant tunc temporis sexaginta biz. censuales, quorum censum tunc existentem, ut supra scriptum est, nobis dederunt et concesserunt cum omni justicia, que super his ad eos pertinebat. Ut autem ista donatio nostra pariter et concessio omni tempore rate atque inviolabiles permaneant, presens inscriptum sigilli mei appositione communiri et corroborari in memoriale sempiternum mandavi. Factum est hoc anno ab incarnatione domini M⁰ C⁰ LXX⁰ quinto, regnante in Jerusalem Balduino Latinorum rege VI⁰. Indictione octava. Huius rei testes sunt: Petrus prior dominici sepulcri, Johannes Pictavus, Hugo de Nigella, Reinaldus de Lochis, Constantinus, Petrus precentor, Bernardus de Antiochia, Baldoinus thesaurarius; omnes hi sunt presbiteri. De diaconibus: Odo, Petrus, Petrus Bithuricensis; de subdiaconis: Petrus de Machumeria, Rotbertus de Roma, de clericis nostris Eraclius archidiaconus noster, Dalmacius canonicus tunc temporis baiulus noster, Giraldus capellanus, Petrus clericus. De hominibus nostris laicis: Galfredus dapifer, Adelbertus pincerna, Petrus Lombardus, Arnoldus marescalchus. Datum per manum magistri Monachi cancellarii. Mense Augusto.

Original III, 29.

84. *1175. Bestätigung für den von Peter von Cahors vollzogenen Verkauf seines Erbtheils an Grundstücken in Jerusalem an seinen Bruder Clarembold.*

In nomine sancte et individue trinitatis, patris et filii et spiritus sancti. Amen.

Notum sit omnibus tam futuris quam presentibus, quod Petrus, filius Petri de Caors, assensu et voluntate fratrum suorum Rainaudi atque Hugonis vendidit partem suam tocius hereditatis sue in Jerusalem tam in domibus tam de quadam guastina, que sunt in vico montis Sion, fratri suo Claremboldo pro L bis. Domus autem iste site sunt, ut diximus, in vico montis Sion, his circumsepte terminis. Habent namque ab oriente domum domini Willelmi Patron et gastinam jam dictam, domum quoque domini Alberici parvi via publica interposita, a meridie domum domine sue Placharie. Inter duas autem domos huius emptionis est interposita domus, que fuit Jordani clerici, ab occidente vero domum domini Boamundi Bufli et domum Obere cementarii et domos Petri de Ve et fratrum eiusdem, a septentrione etiam domos Petri de Ve et fratrum suorum. Divisio autem guastine talis est. Habet ab oriente domos Rohardi Toset et viam arcus Jude in medio, a septentrione domos domini Willelmi Patron, a meridie domum domini Alberici parvi, quia quedam inter utramque, ab occidente vero domos istas huius emptionis et domum Jordani clerici, via jam dicta montis Sion in medio. Si autem calumpnium de venditione ista surrexerit, prefatus Petrus huius venditor calumpnium tollere debet secundum usus et consuetudines civitatis Jerusalem. Tali autem pacto et conditione hec venditio confirmata est in plena curia in presentia domini Rohardi tunc temporis Jerusalem castellani, assistentibus ibidem Bernardo Broet tunc castelli magistro et juratis civitatis eiusdem, ut jam dictus Clarembaldus eiusque heredes post ipsum de jam dicta parte hereditatis fratris sui et omnibus pertinentiis eiusdem voluntatem suam faciant et libere et quiete eandem hereditario jure possideant liceatque illis eandem vendere, dare, inguadiare cuicunque voluerint juxta usus et consuetudines civitatis Jerusalem, et rex inde habuit de jure suo II bis. et II sol. Unde sunt testes dominus Rotbertus de Pinqenni, Gaufridus de Tors, Simon judex, Lambertus patriarcha, W. de Ponz, Balduinus de Lions,

Gaufridus de Issoudun, Pesellus rex, Petrus Giberti, W. Patron, W. Bos, Johannes de Torr, Johannes Bric. Holdricus. Factum est autem hoc anno ab incarnatione domini M⁰ C⁰ LXX⁰ V⁰, domino Balduino VI⁰ Latinorum rege regnante et domino Amalrico sancte Resurrectionis ecclesie patriarca existente.

Original III, 28.

35. *1175. Gila und ihr Sohn Peter, von dem Hospital zur Confratrie aufgenommen, verkaufen demselben ihr Haus in Jerusalem.*

✠ In nomine sancte et individue trinitatis. Notum sit omnibus tam presentibus quam futuris sancte matris ecclesie filiis, quod ego Gila consilio, assensu et bona voluntate filii mei Petri pro redempcione anime mee parentumque meorum ipsiusque filii mei Petri dedi, concessi et etiam vendidi pro DCCCL bis. deo et pauperibus hospitalis beati Johannis quandam domum, que me hereditario jure contingebat, cum cisterna et omnibus pertinenciis suis immunem et liberam in perpetuum possidendam. Hec domus sita est in vico David, ab oriente domui Stephani Uberti, ab occidente domui Roberti de Baugencio, que cleydie vici David vie puplice contingita. Predicto dono et venditioni talis interfuit conditio, quod scilicet fratres hospitalis in domus sue beneficiis participes in confraternitate consortes me filiumque meum Petrum positis super altare manibus susciperunt, et susceperunt. In pacto etiam quesivimus, quatinus de prenominatis DCCCL bis. nobis CCCCL persolverent. Quod itaque fecerunt. Et pro remanentibus CCCC bis. in concambium nobis dare et reddere promiserunt domum Petri tornatoris, que fuit quondam Marsie Bocharie et domni Alberti patriarche pincerne, vieque puplice vici templi et regis excorticacioni collateralem. Quoniam vero eam liberam et absque calumpnia eam minime reddere potuerunt, CCCC bis. aut medietatem taberne sue de vico David vobis dare promiserunt. Si vero me Gilam aut filium meum Petrum sine heredibus altero superstite vel ambo simul mori contingeret, uterque cum sua hereditatis parte universisque rebus suis domui hospitali se conferre pactus est, fratris aut sororis exsequias habiturus. Et si Petrus filius meus cum heredibus legitimis vitam finiret, nichil se omnino cum sua hereditatis parte ad domum hospitale se transmittere promisit. Tandem vero post aliquantum temporis decursum Im quos videlicet deus humiliat et sublevat in paupertatem declinantes ego Gilo et filius meus Petrus amicis nostris et viris comitati prudentibus fratres hospitalis humiliter convenimus supplicando postulantes, quatinus pro dei amore paupertati nostre compaciendo nobis opem et consilium suum impenderent et pro predicto concambio taberne sue, quod nondum fecerant, nobis CCCC bis. redderent. Quod quidem fecerunt, et eos accepimus, mutuoque illi nos et nos illos a predicta fraternitate ceterisque pretaxatis condicionibus absolvimus, ita ut ex parte nostra omni calumpnia remota in . . . . his amplius nobis vel aliis respondere teneantur. Huius rei testes sunt: Johannnes Bricius, Johannes de Torr, Pizellus li rei, Simon judex, Jofridus bocherius, Petrus de sancto Lazzaro et frater Stephanus tesaurarius, per cuius manus factum est hoc, frater Garnerius castellanus Gibellini, frater Bernardus de Asinaria, frater Godescalcus, frater Droes et Freblomus, et Josbertus cancellarius. Carta facta est anno ab incarnatione domini M⁰ C⁰ LXX⁰ V⁰.

Original III, 26.

36. *1177. Balduin von Ramleh bestätigt einen von Constanze, der Schwester des Königs von Frankreich, Gräfin von S. Gilles, betreffs des Casale Bethdaras abgeschlossenen Kauf.*

Notum sit omnibus tam futuris quam presentibus, quod ego Balduinus Ramatensis dominus consilio et voluntate Baliani fratris mei necnon et assensu filiarum mearum [Eschiv]e et Stephanie concedo, laudo et confirmo meique sigilli impressione corroboro domine Constantie, sorori regis Francie, comitisse sancti Egidii, venditi[onem] scribanagii de casali suo Bethdaras, quam Georgius de Betheri predicte comitisse fecit pro ducentis quinquaginta bisantiis. Hoc autem in curia et presentia domini mei Balduini regis Jherosolimitani Latinorum sexti et in presentia domine Sibille comitisse Joppe et Ascalone factum et compositum fuit notantibus his testibus: principe Reginaldo, Joscellino de Sen Mossach, Ascalone castellano, Volermo de Mont Corneit, Rohardo de sancto Abraham, Balduino de Semmosach, Balduine de Jherusalem, Reginaldo le Flamenque de Ibelin. Factum est anno ab incarnatione domini M⁰ C⁰ LXXVII, Indictione decima.

Original I, 4.

37. *1177. Balduin, König von Jerusalem, bestätigt vorstehendes Geschäft.*

Notum sit omnibus tam futuris quam presentibus, quod ego Balduinus per dei gratiam in sancta civitate Jherusalem Latinorum rex sextus concessione et assensu Balduini Ramatensis domini et Balduini fratris sui necnon et filiarum suarum Eschive et Stephanie concedo et confirmo tibi, Constantie, sorori regis Francie et sancti Egidii comitisse, scribanagium Bethdaras casalis tui, quod Georgius de Betheri tibi pro ducentis quinquaginta bisanciis vendidit et in perpetuum habere concessit. Ut igitur huius mee concessionis pagina rata permaneat in eternum et indissoluta presentem cartam testibus subscriptis et meo sigillo muniri et corroborari precepi. Factum est hoc anno ab incarnatione domini M⁰ C⁰ LXXVII⁰, Indictione undecima. Isti sunt testes: Wilermus Tyri archiepiscopus, princeps Reginaldus, Joscellinus de Semmosach, Ascalonensis castellanus, Balduinus frater eius, Willermus de Mont Corner, Rohardus de sancto Abraham, Robertus de Pinquigni, Gaufridus Turonensis. Datum Jherusalem per manum domini Wilermi Tyrensis archiepiscopi et domini regis cancellarii.

I, 4, Copie auf der Rückseite der vorigen Urkunde.

38. *1177. Sibylla, Gräfin von Jaffa und Ascalon, bestätigt denselben Handel.*

✠ In nomine sancte et individue trinitatis, patris et filii et spiritus sancti. Amen.

Notum sit omnibus tam futuris quam presentibus, quod ego Sibilla comitissa Joppe et Ascalone concessione et assensu Balduini Ramatensis domini et Baliani fratris sui necnon et filiarum suarum Eschive et Stephanie concedo et confirmo tibi, domine Constantie, sorori regis Francie et sancti Egidii comitisse, scribanagium Bethdaras casalis tui, quod Georgius de Betheri pro ducentis quinquaginta bisantiis vendidit et in perpetuum habere concessit. Ut igitur huius mee concessionis pagina rata permaneat in eternum et indissoluta, presentem cartam testibus subscriptis et meo sigillo muniri et corroborari precepi. Factum est hoc anno ab incarnatione domini M C LXXVII, Indictione undecima. Isti sunt testes: Willelmus Tyrensis archiepiscopus, princeps Reginaldus,

Joscelinus de Semmosach, Ascalonensis castellanus, Balduinus frater eius, Willelmus de Mont Corneit, Rohardus de sancto Abraham, Robertus de Pinquigni, Gaufridus Turonensis.
Original III, 38.

39. *1177. Boemund von Antiochien bekundet die Beilegung eines zwischen dem Hospital und den Erben des Peter Gay schwebenden Streites über das Casale Naria bei Antiochien.*

† In nomine patris et filii et spiritus sancti. Amen. Quoniam rerum seriem ab ordine congruo fraudis molimentum sepe diverterat, perpetuo litterarum subsidio stabilire vetus consuevit antiquitas. Ego itaque Boamundus, Raimundi principis filius, dei gratia princeps Antiochenus, tam futuris notum facio quam presentibus, quod heredes Petri Gai, videlicet filius eius Selvagius nomine et filia sua Milessent et maritus eius nomine Stephanus, in presentia mea et curie mee presentes adfuerunt et calumpniam, quam faciebant domui hospitalis, scilicet de gastina, que Naria dicitur, que sita est ad pontem ferri, quam tenebat a sancto Abraham, et de vineis, quas domus hospitalis tenet, et de gastina sancti Basilii, quod fuit Mychaelis magni et Georgii rayz et Theodori notarii ducis, cum omnibus suis pertinenciis, duabus insuper canutis et omnibus illis, que Petri Gai fuerunt, ea scilicet, que domus hospitali possidet, in pace dimiserunt, quietam clamaverunt, quiete et absolute quitaverunt. Privilegia quidem et quascunque alias municiones, quibus in causam possent resurgere, benivole et pacifice domui hospitalis traditas reddiderunt, concedentes, quod aliqua temporum successione aliquove modo in supradictis ipsi eorum heredes non clamarent nec quererent. Huius autem concessione rei et quitancia in presencia domini Boamundi principis Antiocheni et curie sue facta et firmata heredibus Petri Gai domus hospitalis mille bisancios Antiochenos donavit. Quam ab rem Boamundus princeps Antiochenus huius rei seriem digne et legitime factam videns, volens et laudans, ne ab aliquibus in posterum turbari, quassari posset vel impediri, sed omnium temporum perpetuitate firmum permaneat et stabile, imminenti scripto et testibus subnotatis meoque principali sigillo munio et corroboro. Huius rei testes sunt: Guiscardus de Insula, Johannes de Salquin, Richerius de Lerminat, Rogerius de Surdeval, Gaufredus Dordan, Garnius Guegnart, Odo de Maire, Symon dux Antiochiac. Datum est hoc per manum Johannis cancellarii. Anno domini M⁰ C⁰ LXX⁰ VII⁰, principatus vero mei Xiiii, tercio Kal. mensis Decembris.
Original III, 42.

40. *1178. Mai. Roger [von Moulins], Meister des Hospitals, bestätigt dem Wilhelm von Blanchegarde und seiner Gattin durch Kauf erworbene Häuser.*

† In nomine sancte et individue trinitatis, patris et filii et spiritus sancti. Amen.

Notum sit omnibus tam futuris quam presentibus, quod ego Rogerius dei gratia sancti hospitalis Jerusalem magister humilis consensu et voluntate atque consilio tocius nostri capituli concessimus et tradidimus Willelmo baptizato de Blancha Custodia et uxori eius Johanne et heredibus eorum quasdam domos, quas ipsi emerunt a Johanne Fulcerii et eius uxore Gilia pro bis. centum minus tres, quatinus ipsi et eorum heredes eas habeant et quiete

possideant hereditario jure in perpetuum et de eis et in eis quicquid voluerint
faciant, tali conditione, quod annuatim reddant nobis censum bis. unum, scil.
in festo sancti Johannis baptiste medium et in nativitate domini aliam medietatem. Quas si vendere vel invadiare voluerint, salvo jure et censu hospitalis
exceptis militibus et ecclesiis. De hac autem vendicione recepimus bis. ii et
sol. ii. Sunt quidem hee domus in Jerusalem in vico, qui dicitur Belcarii, iuxta
muros civitatis prope portam novam, ab oriente juxta domum Gerardi, a
septemtrione juxta domum Galterii de Betinubilo, et ipsas domos eis datas a
nobis dividit via quedam, qua itur a magna via publica versus orientem. Unde
tradidimus eis hanc cartam nostro sigillo munitam et subscriptis testibus roboratam. Anno incarnationis dominice $M^0 C^0 LXX^0 VIII^0$, mense Maio. Existente
patriarcha Jerusalem venerabili Amalrico. Regnante Balduino Latinorum rege VI^0.
Testes fratres hospitalis: frater Raimundus de sancto Miachaele preceptor, frater
Goffridus thesaurarius, frater Stephanus hospitalarius, frater Godescalcus custos
helemosine; de curia Jerusalem: Balianus regius castellanus, Guillelmus Beraldi,
Guillelmus Patron, Huldrian baptizatus, Johannes Bricci, Guillelmus de Ponz,
Arnulfus de Blanca custodia, Robertus niger, Bernardus Proet. Data per
manum nostri fratris Jacob custodis asinarie nostre.

Original III, 52.

41. *1178. August 31. Reinald von Margat überlässt all sein Besitz- und
sonstiges Recht an dem Casale Beauda dem Hospital.*

† In nomine patris et filii et spiritus sancti. Amen.

Quia de laborioso mundi turbine nostre saluti preter sola beneficia parum
aut nichil restare videmus, sollicita mentis et corporis vigilia beneficiis invigilare debemus. Ego itaque Rainaldus de Margat quicquid juris aut dominii
et servicium unius militis et quicquid ego vel heredes mei habebamus et habere
debebamus in casali, quod dicitur Beauda, omnibusque pertinentiis eius, in
elemosina pro salute anime mee omniumque parentum, antecessorum et successorum meorum amore dei principaliter, secundario vero dileccione fratris
Nycholai de Gusanz deo et beate Marie et beatis pauperibus hospitalis Jerusalem et Rogerio de Molinis, eiusdem loci magistro, per manum Nycholai
de Gosanz laudo, volo, dono, concedo et confirmo. Ut autem hoc donum in
presentia domini Boamundi principis Antiochie ipsius voluntate et concessione
meis precibus firmatum et concessum firmum sit et stabile domusque hospitalis
omni tempore libere, quiete et absolute in pace et sine calumpnia perpetuo
jure in perpetuum possideat, teneat et habeat, Bertrando filio meo volente,
concedente et confirmante imminenti scripto et testibus subnotatis meoque
sequenti sigillo munio et confirmo et corroboro. Huius rei testes sunt:
Boamundus princeps Antiocenus. Bertrandus filius meus. Hugo de Loisgis.
Rogerius de Surdaval. Petrus de Hasart. Richerius de Lerminate. Hugo Ruffus
de Margat. Gilo Daillant. Et quia cancellarium non habebam, datum est hoc
privilegium per manum Constantini clerici domini principis. Anno domini
$M^0 C^0 LXX^0 VIII^0$ pridie Kal. mensis Septembris.

Original III, 55.

42. *1178. Der Castellan und die Jurati von Jerusalem bestätigen einen Hausverkauf.*

[In nomine patr]is et filii et spiritus sancti. Amen.

Notum [sit tam futuris] quam presentibus, quod ego Johannes Fulco concessu uxoris mee Gisle ac heredum meorum vendidi duas domos Willelmo baptizato de Blanca garda pro centum bisantiis minus tres, que sunt site a parte orientis ad portam novam, que vocatur de Belcayr, ac quadam via inter eas mediante, salvo censu hospitalis, scilicet unum bisantium. De prefatis vero domibus una jungitur ab orientali parte domui Girardi, a meridionali parte jungitur muro civitatis. Altera vero domus jungitur a parte aquilonis ad domum Galterii de Betenuble. Huius rei sunt testes: Balianus castellanus Jerusalem. Arnulfus de Blancagarda. Robertus niger. Magister Bernardus. Willelmus Beraldus. Willelmus patrun. Lambertus patriarcha. Gaufridus bocherius. Uldericus baptizatus. Willelmus de Ponz. Factum est autem hoc scriptum precepto Baliani castellani Jerusalem et juratorum ad confirmationem huius venditionis. Anno ab incarnatione domini M^0 C^0 LXX^0 VIII^0. Indictione XI^a.

Original III, 57.

43. *1178. Amalrich, Vicomte von Nablus, verkauft dem Hospital alle seine Beduinen vom Stamm Benikarkas.*

☩ In nomine patris et filii et spiritus sancti. Amen. Notum sit universe sancte matris ecclesie filiis tam futuris quam presentibus, quod ego Amalricus vicecomes Neapolis, filius Baldewini vicecomitis, pie recordationis bona fide et spontanea voluntate vendo domui sancti et venerabilis hospitalis Jerusalem et fratribus eiusdem domus, qui sunt et qui futuri sunt, in manu fratris Rogerii de Molinis magistri predicte domus omnes Bedewinos meos, vid. de gente Benekarkas et omnes alios, qui habitant in territoriis ubicunque fuerint sive in regno Jerusalemitano sive extra regnum, cum omni familia eorum et cum omnibus heredibus eorum et cum omnibus rebus eorum coram subscriptis testibus habendos et possidendos libere et quiete, sicut pater meus bone memorie vel ego ipse aliquo umquam tempore melius, liberius vel quietius eos habuimus et possedimus pro M. M. et D. bis., quos omnes a predicto magistro domus Rogero recepi. Hanc autem venditionem facio concessione et consensu domini Balduini, in civitate sancta Latinorum rege sexto, consensu etiam et concessione domine Marie inclite regine et illustris viri Baliani, tempore venditionis domini Neapol., assensu quoque et bona voluntate dilecte uxoris mee Stefanie, assensu quoque et consilio patris eius, domini Balduini de Rames, necnon consensu et bona voluntate matris mee Hysabelle et fratrum meorum Rainaldi, Johannis, Remundi, Rogerii, Baliani et sororum mearum Mellisent, Gille, Agnetis. Volo itaque et firmiter prohibeo, ne ullus de parentela mea vel alius quisquam huic voluntati mee et venditioni neque in presenti neque in futuro audeat contraire nec ullam calumnie controversium seu alicuius inquietationis molestiam magistro vel fratribus domus hospitalis super predictis Bedewinis seu rebus eorum presumat movere. Ad confirmationem vero huius venditionis in perpetuum firmiter et illibate conservandam presens scriptum sigilli mei signaculo munivi. Hec vendicio facta est anno ab incarnatione domini M^0 C^0 LXX^0 VIII^0. Indictione XIII^a. Regnante feliciter domino Baldewino in civitate sancta Jerusalem Latinorum rege sexto, sedente in eadem sancta civitate venerabili patriarcha Amalrico. His testibus: domino Balduino de Rames, domino Baliano, fratre eius, domino Balduino Francigena, domino Reinerio de Neapol., domino Hugone, Mimarz, Guidone Radice, Gisleberto Radice, Bernardo parmentario.

Original III, 48.

44. *1179. Nicholaus Mansur bekundet einen mit dem Hospital abgeschlossenen Verkauf.*

In nomine sancte et individue trinitatis, patris et filii et spiritus sancti. Amen.

Notum sit omnibus tam presentibus quam futuris sancte matris ecclesie filiis, quod ego Nicholaus Manzur assensu et bona voluntate uxoris mee Stephanie illos XX bisantios, quos accipere debebam ab hospitali censuales supra domum Helani parmentarii annuatim pro quadam terra cum vinea sua secus viam, que ducit Bethleem, sita, quam dederam hospitali pro prefatis XX bis. ad censum, que terra a solis ortu habet viam publicam, que vadit Bethleem, a meridie terram grecarum monialium et Hermeniorum sancti Jacobi, a solis occasu viam veterem, que ducit ad lacum patriarche, a septemtrione cimiterium dominici Sepulcri, que terra protenditur usque ad quandam cisternam meam, vendidi hospitali Jerusalem et magistro Rogerio de Molinis et fratribus eiusdem CCC bis., ut prefatum hospitale et fratres eiusdem tam predictam terram quam supra nominatos bis. XX libere et absolute habeant et ad pauperum perpetuo et hereditario jure omnium viventium contrarietate et calumnia sopita usum possideant. Ut autem hec mea venditio rata et firma permaneret et nulla malignantium in posterum cavillatione perturbari [posset], in curia coram domino rege ex parte mea et uxoris mee Stephanie eam firmissime confirmavi et dominus rex Balduinus eam nichilominus concessit, laudavit et approbavit et castellano regio precepit, ut eam approbaret et ratam haberet, et Robertus de Rancheni pro ..... regio venditiones inde jussu castellani regii accepit II bis. et II sol. Quod si forte calumnia super hoc orta fuerit, ego et mei calumniam extinguere et venditionem defendere et guarantire super res nostras debemus. Factum est autem hoc anno ab incarnatione domini M C L xxviiii. Regnante domino B[alduino] in Jerusalem Latinorum rege VI. M. patriarcha presidente. Huius rei testes sunt: Robertus de Pinkeni. Rohardus castellanus. Willelmus Beraldi. Willelmus Patrun...... Lambertus cambitor. Joffridus Dissodinus. Johannes Briccii. Petrus de sancto Lazaro et plures alii.

Original III, 58.

45. *1179. Raimund, Graf von Tripolis, investirt das Hospital mit genannten ihm von dem Vicomte Hugo von Tiberias überlassenen Casalien.*

In nomine summe et individue trinitatis, patris et filii et spiritus sancti. Emptione iusta quicquid acquiritur, decretalis censura sanctioque legalis decernunt recto possedendi titulo in hereditarium ius perhenniter haberi. Quam ob rem per presentis monimentum privilegii tam presentium modernitati quam posteritati successure certum fore volumus, quod in presentiam mei, Raimundi [Tripo]litanorum comitis et domine Eschive comitisse suique filii domini Hugonis de Tiberiade aliis etiam quam pluri..... positis veniens Gauterius

8*

Tiberiadis vicecomes tria quedam sua casalia, Azatil, Eincheitem . . . .
in manu nostra tradendo manumisit et ex illis se suosque cunctos heredes
perpetim privavit . . . . . davit, ob hoc vid. quod ipsa prenominata tria casalia
cum juribus suis omnibus et . . . . per assensum nostrum nostramque
bonam voluntatem Gauterius ipse gratuita sua volun . . . . . totius fraudis et
doli molimine et absque omni retentu et revocatione et calump[nia] domui
hospitali pauperum Christi in Jerusalem vendiderat pro mille bisanciis, quos
omnes . . . . . tunc sacratissime domus eiusdem venerabilis magistri, cuius manu
facta fuit hec . . . . odo, hoc sincere veritatis tenore ego Tripolis comes
Raimundus et ego Eschiva . . . . . . Hugo de Tiberiade filius ipsius comitisse
cum multa benivolentia et bona fide emptionem . . . . confirmamus assensu
ipsoque Gauterio Tiberiadis vicecomite volente et petente ex ipsis tribus pre-
f . . . . et universis ipsorum pertinentiis et juribus, terris vid. cultis et
incultis, planis et monta . . . . . oribus et aquis, sed et rebus universis quecunque
illorum casalium sunt aut esse debent, ipsam sacratissimam domum hospitalis
investimus et hereditamus per manum venerabilis magistri predicte Rogerii
de Molendinis, ut et ipse suique successores universi reverendissime domus
eiusdem magistri cunctique patres tam futuri quam presentes tria, que supra
nominavimus, cum suis omnibus, prout diffinitum est, pertinentiis hereditario jure
perhenni casalia sibi possideant, tam libere, tam quiete, tam integre, quam
liberius, quam quietius, quam integrius aliud ullum jus domus hospitalis possideat seu possidere debeat. Et ut hoc ratum conservatum semper et inconcussum
nulloque fraudulento posterorum molimine infringi presumatur aut everti,
emptionem prediffinitam et annotatione presentis pagine plumbeo Tiberiadensis
sigillo munite et testimonio virorum, quorum nomina subscripta videntur, roborari volumus et adfirmari. Videlicet Fulconis Tiberiadis constabularii, Raimundi de Assur, Simonis Cheberonis, Roberti de Hobecort, Helie de Robore,
Gaufridi de Vendosma, Matthei cancellarii, cuius manu datum est anno ab
incarnatione domini nostri Jesu Christi millesimo centeno septuageno nono.
Mense Maio.

Original III, 59.

46. *1179. Juni 1. Lateran. Papst Alexander III erklärt einen in den Beschlüssen des Lateran. Concils betreffend die Erwerbungen des Ordens gebrauchten Ausdruck.*

Alexander episcopus servus servorum dei dilectis filiis Rogerio magistro
et fratribus hospitalis Hierosolimitani salutem et apostolicam benedictionem.
Attendentes affectum devotionis et fidei vestre et considerantes, quomodo
susceptioni et quotidiane procurationi pauperum Christi studiose intendatis, vos
et domum vestrum ad exemplar predecessorum nostrorum Romanorum pontificum diligere volumus et fovere et eis jura sua, quantum gratia divina nobis
concesserit, integra et' inconcussa servare, ecclesias sane ac decimas, quas
moderno tempore a laicis accepistis, in concilio per decreti nostri paginam
curavimus revocare. Ne autem verbum ipsum modernum scilicet dubitationem
valeat generare, illud interpretatione benigna duximus exponendum, ut ita
intelligatur, ecclesias et decimas, quas moderno tempore a laicis accepistis,
a decem annis videlicet retro vobis, sicut prius pacifice habeatis, auctoritate

apostolica confirmamus et presentis scripti patrocinio communimus etc. Dat. Laterani Kal. Jun.
Copie s. 15. 1118, 7. — Vgl. Templerurkunde No. 29.

47. *1179. August 29. Boemund von Antiochien verleiht dem Gunther de la Tour eine Rente von 2000 Byzantiern in Gabulum.*

In nomine sancte trinitatis, patris et fiiii et spiritus sancti. Amen.

Notum sit omnibus tam presentibus quam futuris, quod ego Boamundus, Raimundi principis bone memorie filius, dei gratia princeps Antiochenus, dono in feodum et hereditatem et in perpetuum habendum et possidendum concedo Gunterio de Lattor, homini meo ligio, et heredibus suis duo milia bisantiorum apud Gabulum in platea telarum, que dicitur Sochelbes, singulis annis in pace et sine impedimento aliquo accipiendos, sicuti Robertus de Surdis vallibus, pater eius, et Gunterius, pater Roberti, in tempore suo habuerunt et tenuerunt, retento siquidem michi et heredibus meis eorundem bisantiorum novenario. Si vero Gunterius vel heredes sui de platea prenominata bisantios dictos integre et totaliter habere non poterunt, quicquid de dictis bisantiis minus fuerit in uno alio pactorum meorum, que sunt in Gabulo, in pace et sine disturbatione accipiat. Ut igitur hoc meum donum firmum et indissolubile maneat in perpetuum, presentem paginam sigilli mei principalis impressione et subscriptorum testium annotatione munio, roboro atque confirmo. Factum est hoc privilegium anno principatus mei decimo septimo, anno vero incarnationis dominice M⁰C⁰LXX⁰IX⁰, Indictione XII*, his quoque testibus, quorum hec sunt nomina: dominus Rainaudus de Margat, Guischardus de Insula, Oliverius camerarius, Willelmus de Monci, Bartholomeus filius comitis, Willelmus de Cava, Richerius de Erminato, Rogerius de Surdis vallibus, Hugo de Logis, Petrus de Hasart, Rogerius Corbellus, Gervasius de Quercu. Datum per manum domini Johannis cancellarii XXIX* die mensis Augusti.

Original III, 61.

48. *1179. April 1. König Balduin VI verleiht dem Alelm von Gorrenflos drei Hufen Landes und eine Area bei Casale Album.*

† In nomine sancte et individue trinitatis, patris et filii et spiritus sancti. Amen.

Notum sit omnibus tam presentibus quam futuris, quod ego Balduinus, per dei gratiam in sancta civitate Jerusalem Latinorum rex sextus, concedo et confirmo tibi Alelmo de Gorrenflos et heredibus tuis perpetuo hereditatem tres carrucatas terre liberas et quietas et aream unam apud Casale Album possidendas et domum unam in eodem casali, que omnia a Johanne camerario meo tam dono quam emptione perpetuis temporibus possidenda suscepisti. Ut autem predictam donationem et emptionem tu et heredes tui iure perhenni teneatis et habeatis et ex eadem omnimodam voluntatem vestram omni prorsus obstaculo remoto facere possitis et huius concessionis mee pagina rata teneatur in eternum et indissoluta, presentem cartam testibus subscriptis et sigillo meo muniri precepi. Factum est hoc anno ab incarnatione domini M⁰ C⁰ LXX⁰ IX⁰, indictione XII*. Huius rei sunt testes: Hunfr[edus] regius constabularius, Bald[uinus] Ramatensis dominus, comes Joscelinus regius senescalcus, de quo predicta jure possessimus et hereditario. Radulfus de Gerino, Amalricus de Francoloco, Abraham de Nazareth, Gerardus de Pogi, Gozelinus Tyrensis. Datum apud vadum Jacob per manum Willelmi Tyrensis archiepiscopi regisque cancellarii. Kalendis Aprilis.

Original III, 64.

49. *1179. Mai 1. König Balduin von Jerusalem bestätigt dem Hospital die Rente von einem Quintal Zucker von dem Casale Lanahium im Gebiet von Accon.*

☩ In nomine sancte et individue trinitatis, patris et filii et spiritus sancti. Amen.

Notum sit omnibus tam futuris quam presentibus, quod ego Balduinus, per dei gratiam in sancta civitate Jerusalem Latinorum rex sextus, concedo et confirmo tibi Rogerio de Molinis hospitalis Jerusalem magistro et successoribus tuis et omnibus fratribus in eadem domo servientibus et in perpetuum servituris unum quintardum zucari, quod vobis Johannes tunc temporis marescalcus et camerarius meus apud Lanahium in territorio Accon annuatim percipiendos donavit. Et ut huius concessionis mee et confirmationis pagina rata teneatur in eternum et indissoluta, presentem paginam testibus subscriptis et sigillo meo muniri et corroborari precepi. Factum est hoc anno ab incarnatione $M^0 C^0 LXX^0 IX^0$. Indictione XII^a. Huius rei sunt testes: comes Joscelinus regius senescalcus, a quo predictum zucarum recepturi estis, ipse namque predicti Johannis terram iure hereditario possidendam emit et eius voluntate et assensu presentis privilegii concessio facta est. Gerardus de Pugeio, Gislebertus de Floriaco vicecomes Accon, Goscuinus Boccus. Datum Accon per manum Willelmi Tyrensis archiepiscopi regis cancellario. Kalendas Maii.

Original III, 63.

50. *1179. December. Guilelmus Rufus, ehemals Vicomte von Ascalon, bekundet den Verkauf der Ernten von zwei seiner Casalien auf fünf Jahre an das Hospital.*

In nomine patris et filii et spiritus sancti. Amen.

Notum sit omnibus presentibus et futuris, quod ego Guilermus Rufus, olim vicecomes Ascalon., assensu et voluntate domine mee comitisse Ascal. et Joppe, Sibille nomine, filiam illustri *(sic)* regis Amalrici, et concessu uxoris mee et puerorum meorum vendidi fratribus sancti Johannis hospitalis messes duorum meorum causalium, sc. de Coqebel et Mort de sibi abendos per V annos V, messes pro M bisantiis venditionis facte, et si fratres abebunt suos V messes levatos de terra casalium, ego Guilermus Rufus vel mei heredes abebimus et capiemus causalia supra dicta quasi nostra placide et quiete. De nulla re quod faciant fratres in causalibus, ego Guilermus vel mei nichil eis sumus responsuri nisi de hoc, quod si fecerint domos rusticorum in causalibus pro visu mei vel meorum, ego Guilermus vel mei precium fratribus reddere debemus et si vellem invadiare hec causalia me vivente, volo et concedo, si domino terre placuerit, quatinus fratres hospitalis sint propinquiores abendi quam alii, et si vendere voluero me vivente et terre domino concedente voluerit, volo quatinus fratres hospitali pro L bis. minus quam alii abeant causalia. Huius rei sunt testes: domina Magna comitissa Sagite, dominus Reinaudus Sagite, Jocelinus castellanus Ascalon, et

Balduinus eius frater, Girardus de Rumechaco, Turginus, Rogerius de Verdune, Bertrandus Jop. et eius frater Guibertus, Robertus de Pinqueni, Guilermus tunc vicecomes Ascalon., Guil. Berart Jer., Balduinus Pelez, Heinricus de Balgenci, Valterus Gibeleit, Dames cambiator, Johannes de Bolgenci, Robertus Suession., Girardus Larnus, Vitalis, Johannes Borgonun, Johannes de Boneit, Remundus, eius frater Petrus, Bartholomeus tributarius et eius frater Remundus, Secardus tunsus, Erardus clericus. Anno ab incarnatione domini $M^0 C^0 LXX^0 IX^0$. Carta ista fuit facta mense Decembris.

Schlechte, späte Copie. III, 62.

51. *1180. Januar 20. König Balduin VI schenkt dem Hospital ein diesem bisher bestrittenes Grundstück.*

† In nomine sancte et individue trinitatis, patris et filii et spiritus sancti. Amen.

Notum sit omnibus tam presentibus quam futuris, quod ego Balduinus, per dei gratiam in sancta civitate Jerusalem Latinorum rex sextus, concedo et confirmo deo et sancte domui hospitalis Jerusalem et tibi Rogerio de Molinis, eiusdem domus magistro, et successoribus tuis necnon omnibus fratribus in eadem domo deo servientibus et in perpetuum servituris quandam terram inter Beroet et tolonum Rohardi de Chabor sitam, quam ipse Rohardus injuste calumpnians in proprios usus reflectere nitebatur. Ad cuius divisionem et metas constituendas, quia controversiam, que longo tempore inter nos et ipsum Rohardum pro predicta terra ventilata fuerat, determinare et pacem inter nos et ipsum reformare voluimus, misimus comitem Jocelinum, avunculum et senescalcum nostrum, et cum eo de fratribus vestris ipsius Rohardi concessione et assensu Antelmum de Luca, Rudolfum de Nigella et plures alios, qui terra perambulata et metis constitutis ius suum utrique parti assignarent. Quo facto ipsis videntibus et audientibus omnimodam querelam, quam adversus vos et domum vestram pro jam dicta terra habuerat, quietam clamavit et coram illis omnibus adstantibus confessus est, quod nihil juris in eadem terra haberet et quod injuste pro eadem vos et domum vestram multociens inquietasset. Ut igitur vos et successores vestri prefatam terram liberam et quiete perpetualiter possideatis et hec concessionis et confirmationis mea' pagina rata permaneat in eternum et indissoluta, presentem cartam testibus subscriptis et sigillo meo corroborari precepi. Factum est hoc anno ab incarnatione domini $M^0 C^0 LXXX^0$. Indictione XIII^a. Huius rei sunt testes: Jocelinus Edessani comitis filius, regius senescalcus. Gillebertus de Floriaco vicecomes Acconensis. Hubertus de Accon. Antelmus de Luca. Rudolfus de Nigella. Odo de Luco plantato. Joulanus de Saus. Datum Accon per manus Willelmi Tyrensis archiepiscopi regisque cancellarii. XII^0 Kal. Februarii.

Original IV, 4.

52. *1180. April 27. König Balduin VI schenkt dem Hospital hundert Zelte Beduinen bei Belvoir.*

† In nomine sancte et individue trinitatis, patris et filii et spiritus sancti. Amen.

Notum sit omnibus tam futuris quam presentibus, quod ego Balduinus, per dei gratiam in sancta civitate Jerusalem Latinorum rex sextus, dono, concedo et confirmo deo et sancte domui hospitali Jerusalem et tibi Rogerio de Molinis eiusdem hospitalis magistro et omnibus fratribus eiusdem domus presentibus et futuris centum tentoria Beduinorum apud Bellumvidere libere et quiete jure perpetuo habenda et possidenda, illorum videlicet Beduinorum, quos ab alienis partibus convocare poteritis et qui in regno meo sub mea vel hominum meorum potestate numquam fuerint. Ut autem predicta Beduinorum tentoria teneatis et habeatis in perpetuum et huius donationis et confirmationis mee pagina rata perpetuis temporibus perseveret et indissoluta, presentem cartam testibus subscriptis et sigillo meo muniri et corroborari precepi. Factum est hoc anno ab incarnatione domini $M^0 C^0 Lxxx^0$. Indictione XIII^a. Huius rei sunt testes: Princeps Renaldus Montis Regalis et Ebronensis dominus, comes Jocelinus, regis senescalcus, Renaldus Sydoniensis, Balduinus de Ybelino, Balianus frater eius. Datum Jerusalem per manum Willelmi Tyrensis archiepiscopi regisque cancellarii. 4to Kal. Maii.

Original IV, 2.

53. *1180. August. Wilhelm von Maraclea schenkt dem Hospital drei Casalien bei Camela (Hoems).*

In nomine sancte et individue trinitatis, patris et filii et spiritus sancti. Amen.

Quicquid christiane religionis domibus reverendis devota fidelium largitio tribuit helemosinario jure possidendum, juris et rationis intuitu decretorumque censura perhenni confirmatur habendum. Eapropter tam modernitati presentium quam posterorum successioni per presentis monimentum privilegii notum certumque fieri volumus, quod ego Guillelmus de Maraclea consensu et laudamento Beatricis uxoris mee meique filii Maioreti et omnium heredum meorum gratuita voluntate, animo fideli, sine omni retentu et calumpnia et absque revocatione et diminutione et iniuria, spe divine retributionis ad salutem anime mee et animarum parentum et predecessorum meorum et omnium deo fidelium dono, laudo, concedo et confirmo deo nostro et domino Jesu Christo et sanctissime domui pauperum Christi membrorum hospitali videlicet Jerusalem et Rogero de Molendinis, viro pio et insigni, tunc eiusdem sancte domus magistro venerabili, et sanctis suis successoribus magistris et fratri Johanni de Anio, tunc Crati castellano, similiter et fratribus universis tam presentibus quam successuris dono, inquam, tria casalia, que sunt de partimento Cameli propriis suis nominata nominibus Marmonizam, Erbenambran, Lebeizar cum territoriis suis et iuribus et pertinentiis omnibus, planis et montanis, nemoribus et aquis, cultis et heremis, ut sic integritas helemosinario jure perhenni prememorata sancta domus hospitalis illa teneat et possideat tam libere, tam quiete, quam liberius, quam quietius aliquod aliud helemosine donum possidet. Quod ut firmius conservetur et iustius nullaque fraudulentorum molimine perverti possit aut infringi, per concessionem domini mei Raimundi comitis Tripolis et per impressionem plumbei sigilli sui cum testimonio virorum, quorum nomina subscripta sunt, presentem paginam de predeffinito dono conscriptam muniri volui et confirmari, videlicet Ugonis domini Bibii, Raimundi fratris eius, Raimundi de Nefinis, Arberti Saramanni, Eradi, Astafortis, Berengarii de Montolivo, Petri Bernardi, Bartolomei filii comitis Gisleberti, Raimundi de Montolivo,

Girardi de Montolivo, Saiherii de Maimendona, Mathei cancellarii, cuius manu
. . . . . . um est. Anno domini M⁰ C⁰ LXXX⁰ mense Augusto.
Original IV, 1.

54. *1181. Septémber 10. König Balduin VI bestätigt dem Hospital den Besitz eines von dem Flandrer Hugo für 3000 Byz. gekauften Casales Chola bei Mirabel.*

In nomine sancte et individue trinitatis, patris et filii et spiritus sancti. Amen.

Notum sit omnibus tam futuris quam presentibus, quod ego Balduinus, per gratiam dei in sancta civitate Jerusalem Latinorum rex sextus, concessione et assensu Guidonis Joppe et Ascalonis comitis et Sibille sororis mee, earundem urbium comitisse, concedo et confirmo deo et sancte domui hospitalis Jerusalem et tibi Rogerio, eiusdem domus magistro, et successoribus tuis et omnibus fratribus eiusdem ·domus presentibus et futuris quoddam casale nomine Chola in territorio Mirabelli situm cum omnibus pertinentiis suis, quod ab Hugone Flandrensi concessione et assensu Balduini Ramatensii domini pro tribus milibus bisanciis emistis. Ut igitur predictum casale cum omnibus pertinentiis suis et terris, sicut praediximus, libere et quiete teneatis et habeatis in perpetuum et huius concessionis et confirmationis mea pagina rata vobis teneatur in eternum et indissoluta, presentem cartam testibus subscriptis et sigillo meo muniri et corroborari precepi. Factum est hoc anno ab incarnatione domini M⁰ C⁰ LXXXI⁰. Indicatione XIIII. Huius rei testes sunt: Reinaldus Sydonis dominus, Petrus de Cresecca castellanus Jerusalem, Simon de Betlehem, Girardus Passerel, Raimundus Babini, Anselmus de Capitel, Robertus de Pin. quenni, Petrus Gioberti, Petrus de sancto Lazaro. De fratribus hospitalis: Petrus Galterius, frater Stephanus, frater Sancho, frater Salomon, frater Arnaldus. Datum in Jerusalem per manum Willelmi Tyrensis archiepiscopi regisque cancellarii. 4⁰. Id. Septembris.

Original IV, 12.

55. *1181. December 1. Reinaud von Margat schenkt dem Hospital alle seine Besitzungen und Rechte in dem Casale Astalorin.*

In nomine patris et filii et spiritus sancti.

Notum sit tam presentibus quam futuris, quod ego Reinaudus dominus de Margat, bono animo et voluntate, assensu etiam et consensu domini Bertrandi filii mei, quod jure hereditario in casali, quod dicitur Astalorin, teneo, habeo atque possideo, dono, laudo, concedo atque confirmo deo atque magistro domus hospitalis ceterisque fratribus eiusdem domus dilectione et amore fratris Nicolai absque omni calumpnia quiete et pacifice fruendum et habendum atque possidendum. Ut autem hoc ratum et firmum in perpetuum habeatur, auctoritate testium et impressione sigilli mei munio et confirmo. Huius . . . . casalis videlicet Astalorin donationis et concessionis testes sunt dominus Bertrandus filius meus, magister Morellus, dominus Hugo Rufus, dominus Martinus de Nazaret, dominus Stephanus de Hallant, dominus Johannes de Templo, dominus Droco burgensis meus, magister Georgius. Factum est autem hoc privilegium per manum magistri Morelli anno ab incarnatione domini M⁰ C⁰ LXXX⁰. 1⁰ Kal. Decembris.

Original IV, 10.

56. *1183. Guido, Graf von Joppe und Ascalon, und seine Braut Sybilla, bestätigen dem Surianer Torgis drei Hufen Landes.*

† In nomine sancte et individue trinitatis, patris et filii et spiritus sancti. Amen.

Notum sit omnibus presentibus atque futuris, quod ego Guido, dei gratia Joppes et Ascalonis comes, et domina Sibilla sponsa mea earundem urbium, concedimus, donamus et confirmamus tibi, Torgis, et heredibus tuis illas duas carrucatas terre et illam medietatem domorum, quas ego, Guido Joppes et Ascalonis comes et domina Sibilla sponsa mea emimus in casale Gesehale ab Georgio Suriano scriba nostro, filio Haririe, fratre Davidis scribe, et ab uxore sua Faragie, que omnia, o Targis, emisti a nobis quingentis bisanciis, tibi et heredibus tuis hereditario jure libere habenda et quiete possidenda in perpetuum. Ut autem huius emptionis, donacionis et confirmacionis nostre auctoritas tibi et heredibus tuis rata peseveret in eternum et indissoluta, presentem paginam sigillo nostro et testibus subscriptis facimus muniri. Huius itaque rei sunt testes: Jocelinus de Samosac, tunc Ascalonis castellanus, Baldoinus frater eius, Seignoreis, tunc Ascalonis vicecomes, Rainaldus de Mongisart, Rainaldus de Saisons, Giraldus de Remille, Baldvinus magnus, Bertrandus Caruana et Gisbertus frater eius. Simon Batalle, Guillelmus tonsus, Secardus frater eius, Henricus de Baugencio, Bartolomeus renterius. Factum est hoc anno ab incarnatione domini M⁰ C⁰ LXXX⁰ III⁰. Indicatione prima.

Original IV, 20.

57. *1182. Ugo Broerius bekundet die Ueberlassung eines Kaufstandes zu Tripolis an das Hospital.*

In nomine patris et filii et spiritus sancti. Amen.

Notum sit omnibus hominibus tam presentibus quam futuris, quod ego Ugo Broerius, filius quondam Petri Broerii et Willelme Broerie, assensu conjugis Marie bono animo et sana voluntate absque totius fraudis et doli molimine, sine calumpnia et omni retentu et absque requisitione vendo, laudo et concedo omnipotenti deo et pauperibus sanctissimi hospitalis Jerosolimitani sancti Johannis baptiste et fratri Nicholao de Gusancio, tunc temporis domus hospitalis Montis Peregrini preceptori, stationem meam, quam habeo in civitate Tripoli ante macellam pro C^{um} XIII bis. sarrac., quos omnes a prefato fratre Nicholao recepi et habui. Ipsam autem stationem tam quiete, tam libere, tam integre pauperibus hospitalis Jerosolimitani laudo et concedo in perpetuum possidendam quam quietius, quam liberius, quam integrius a me vel a predecessoribus meis ipsam umquam potuit vel debuit vel contigit possideri. Prenominata vero statio talibus confiniis terminatur. Ex uno latere vicinam habet domum quondam Willelmi de Tortosa, ex alio domum Bernardi furnarii, item ex alio latere affinis est barbacane et ab introitus porta habet viam publicam. Huius rei testes sunt: dominus Girardus de Monte Olivo, tunc temporis Tripolis vicecomes, dominus Saxius, Johannes de Moneta, Willelmus Catallanus, Johannes Bulfarachius, Laurencius de Becelmia, Willelmus Isarnus. Anno domini M⁰ C⁰ LXXXII.

Original IV, 16.

58. *1184. Roger von Moulins, Meister des Hospitals, bezeugt die Ueberlassung von zwei Häusern in Accon zu erblichem Besitz an Bisansonus.*

In dei eterni nomine. Amen. Notum sit omnibus tam presentibus quam futuris huius scripti paginam inspicientibus, quod ego Rogerius de Molinis, dei miseratione sancte domus hospitalis pauperum Christi minister humilis, consensu et voluntate eiusdem domus capituli dono, concedo et trado tibi Bisansono et heredibus tuis imperpetuum quasdam nostras domos in Accon sitas, quas Petrus Bertusia tenere solebat pro censu XXIX bis. annuatim in sancto Michaelis festo hospitali Accon solvendo. Quarum domorum hec sunt coherentia: quod a prima videlicet parte adjacet domus Marie de Caypha, a secunda domus filiorum quondam Paganotti, a tertia curia Marie Buhale, a quarta namque, parte est via publica. Has siquidem domos et inter has partes constitutas ego prefatus Rogerius tibi jam dicto Bisansono tuisque heredibus concedo et trado salvo censu, ut superius legitur, et liberam potestatem ab hac die in antea concedo habendi prassignatas domos, tenendi, possidendi, dandi, vendendi, pignorandi, alienandi et quicquid tibi tuisque heredibus placuerit faciendi, exceptis viris militaribus et religiosis, salvo tamen in omnibus et per omnia omni iure et censu XXVIII bis., quos tu Bisansonus et heredes tui vel quicunque per vos dictas domos tenuerit in termino prenotato domui hospitalis Accon persolvetis. Ceterum si eas vendere volueris, primo fratres hospitalis inquirere debes et ipsas vendendas notificabis, et si capitulum hospitalis eas emere voluerit, unam argenti marcam minus quam aliis emptoribus capitulo remittis. Quod ut semper ratum et inviolatum permaneat, presentem paginam nostri sigilli inpressione muniri et corroborari fecimus, quosdam et de nostris fratribus in testimonium subscribi precipientes, quorum hec sunt nomina: frater videlicet Garnerius tunc temporis preceptor in hospitali, frater Odinus tunc baiulus in Accon, frater Girardus domus eiusdem thesaurarius, frater Petrus Galterii, frater Hermandus castellanus Crati, frater Alebandus castellanus Belviderii, frater Hugo de Qualquelia, frater Henricus de sancto Boneto, frater Petrus de Mirmanda, frater Guilelmus de Rocha, frater Guilielmus hospitalarius Acconensis, frater Stephanus prior in Accon. Notandum est insuper, quod sepe memoratus Bisansonus consilio et voluntate Rogerii de Molinis magistri hospitalis et capituli laudamento necnon et regalis curie iudicio easdem domos sibi antea in vadio a Petro Bertasia obligatas eodem Petro mortuo pro CC. XX. II bis. sarracenatis emit et sibi pro debito, quod Petrus Bertasia eidem debebat, retinuit. Sane ipsius Petri Bertasie uxor cum suis liberis in regali assidens curia pro prenotatis CC. XX. III suorum liberorum consensu hanc venditionem concessit atque laudavit et ratam et inviolatam fore in perpetuum absque contradictionis reclamatione et sine calumpnia et querela confirmavit. Hoc autem est actum anno dominice incarnationis M⁰ C⁰ Lxxx⁰ iiii⁰ apud Accon in curia regis, in presentia et testimonio Giliberti de Florio vicecomitis Accon, Guillelmi de Furchis, Rainaldi de Trechir, Antelmi Lucensis, Raimundi camerarii, Bernardi de Templo, Odonis de Conchis, iuratorum curie regis.

Original IV, 24.

59. *1185. Raimund von Trois-Clés bestätigt den Verkauf genannter Güter an das Hospital durch seine Mutter.*

In nomine summe et individue trinitatis, patris et filii et spiritus sancti.

Ut omni falsitate propulsa semper iniquitati justicia dominetur, per presentis monimentum privilegii tam presentibus quam futuris certum fieri curavimus, quod per assensum et confirmationem illustrissimi Tripolitanorum comitis Reimundi, ego Reimundus de Tribus Clavibus spontanea voluntate, bona fide, sine omni retentu et revocatione et calumnia et impedimento concedo et concedens confirmo venditionem terre Galife et Aieslo, quam mater mea . . .
. . . vendidit sancte domui hospitali pauperum Christi in Jerusalem, sic quod per manum fratris Erchenbaldi, tunc eiusdem sacratissime domus preceptori, et per manum fratris Herman, tunc Crati castellani, quicquid juris et hereditatis in terra Galife et Aieslo repetebam seu repetere poteram, reverendissime domui hospitali, magistro videlicet et fratribus universis presentibus et successuris relinquo et dimitto pro me et pro meis quietum et absolutum, ut hereditario iure perhenni illam terram cum suis omnibus pertinentiis et iuribus tam libere et quiete teneant et possideant, quam liberius et quam quietius aliquid aliud tenent et possident. Et propter hoc frater hospitalis predictus Erchembaldus et omne fratrum capitulum communi voluntate et animo fideli et in bona pace et sine detrimento dederunt et concesserunt mihi Raimundo et meis heredibus universis duo casalia Fundam et Sumessam cum suis omnibus pertinentiis et juribus in longo et lato, sursum et deorsum, in montanis et planis, in cultis et heremis, hereditali jure perhenni possidenda et habenda, salvo servicio hospitalis secundum consuetudinem terre Tripolitane. Super hoc autem dederunt mihi similiter unam gastinam, que dicitur Corcvis, cum suis omnibus pertinentiis, sicut est predictum, mihi et meis perhenniter hereditarie tenendam, et unam terre carrucatam liberam, francam in eadem gastina, quam Johannes de Fabrica et heredes sui debent habere, ita quod illud dominium, quod hospitale solebat habere in illa carrucata terre, ego Raimundus et mei habebimus. Et amplius in vita mea tantum mihi dederunt habendos quinque frumenti et quinque ordei modios et quadraginta iarras vini, et hoc habebat hospitale in Funda casale in helemosina et decem modii predicti sunt cum parvo marcibano arearum. Post decessum vero meum predictum frumentum et ordeum et vinum ad hospitale libere sine ulla calumnia revertetur et in helemosina tenebit illa. Et propter hereditatis prediffinite donum ego Raimundus et mei homines ligii erimus hospitalis. Quod ut prelibata undique rata teneantur ab illustri comite Tripolitano Raimundo et fratres hospitalis et ego Raimundus precibus impetravimus, quod per presens privilegium plumbeo sigillo suo munitum confirmari fecit cum testimonio ipsius et virorum, quorum nomina subscripta sunt, videlicet fratris Hermanni Crati castellani, fratris W. de Acerio prioris clericorum, fratris Guarini de Melna, domini Henrici de sancto Boneto, fratris W. de Monlizun, fratris Hugo de Cauchelia, fratris Rogerii de Larum, fratris Raimundi Cadel, fratris Herbert de Liniis, fratris Geroldonis prioris Accon, fratris Petri de Miomanda, fratris Jofredi de Doncon, fratris Monterii castellani de Belveeir, fratris W. mat., fratris Poncii de Bai, fratris Gui Rufi, fratris Rainaldi

balistarii, fratris Ponccii de Maimont, Petri de Coquina, Rainaldi filii Sais, W. de Lambes, Stephani Alunarum, Galterii vicecomitis, Johannis de Albia, Mathei cancellarii, cuius manu datum est anno domini nostri M⁰C⁰LXXX⁰V⁰.
Original IV, 28.

60. *1186. April 25. Roger von Moulins bestätigt dem Johannes Pocerius den erblichen Besitz eines Hauses unter Angabe der näheren Bedingungen.*

In nomine sancte et individue trinitatis, patris et filii et spiritus sancti. Amen.

Notum sit omnibus tam futuris quam presentibus orthodoxe fidei cultoribus, piis ecclesie filiis, quod ego Rogerius de Molins, dei gratia sancte domus hospitalis Jherusalem magister ac custos humilis, concedo tibi Johanni Pocerio et uxori tue et heredibus tuis domum, quam emisti de Willelmo Barbota pro CC bis., cum omnibus pertinenciis suis in perpetuo sine calumpnia possidendam et habendam, ac si necessitas incubuerit et tibi et heredibus tuis placuerit, donandam, vendendam, invadiandam cuilibet exceptis ecclesiis, militibus, surianis et aliis gentibus Romane ecclesie non hobedientibus, salvo tamen jure et censu hospitalis. Verumptamen si casu contingente vel aliqua necessitate emergente evenerit, quod tu vel heredes vel aliquis heredum tuorum predictam domum vendere volueritis, sanctissimi hospitalis baiulum domorum conveniat conveniendo, ei velle suum manifeste insinuet et declaret, quic vel quantum pretaxate domus habere poterit, et eam domus hospitalis 5 bis. minus alicuius vel aliquorum habuerit, si congrua et idonea sibi visa fuerit. Hoc autem omnibus notificetur et patefiat, quoniam prenominata domus annuatim in assumpcione sancte Marie hospitali de censu III bis. et dimidium persolvit. Domus autem ista sita est in vico sancti Johannis evangeliste in territorio hospitalis. Talibus siquidem circumdatur confiniis: ab oriente habet ruam Ispanie, ab occidente ruam sancti Johannis evangeliste, a meridie domum Bernardi de Blanca guarda, ab aquilone domum Ugonis de Romai. Pertinencie eius sunt: medietas unius cisterne, que est in rua, que vocatur Ispanie, infra domum, que fuit Martini Galique, et medietas alterius cisterne, que est inter prenominatam domum et domum Ugonis de Romai. Huius concessionis testes sunt: frater Berengerius de Tenagoria thesaurarius, frater Herbertus de Duneites hospitalarius, frater Jacob custos asinarie, cuius nutu et voluntate perfectum est, frater Petrus castellanus, frater Bernardus d'Asinaria castellanus Bellimontis, frater Guarinus de Melna. De . . . . dominus Gofridus de Turonis, dominus Willelmus Patroni, dominus Willelmus Beraudi, dominus Willelmus de Ponz, Johannes Raimundi, Johannes Briza, Petrus Blanchardi, Michael Lavita, Aimo stacionarius. Hoc autem factum est anno ab incarnatione domini M⁰C⁰LXXXVI. Indicione iiii, mense Aprilis. 7 Kal. Maii. Regnante Baldoino Latinorum rege VII feliciter in Jerusalem, patriarcha Eraclio sanctissime discrecionis patrono. Et ut hec nostra concessio rata et inconvulsa permaneat presenti sigillo corroboramus.

[Et hac empcione et concessione domus hospitalis habuit 11 bisancios et duos solidos.][1]

Original IV, 80.

---

[1] Späterer Zusatz.

61. *1186. Januar 8. Urban III befreit die Hospitaliter von der Verpflichtung zur Strassen-, Brücken- und Wallreparatur mitzuwirken.*

Urbanus episcopus etc. dilectis filiis magistro et fratribus domus hospitalis salutem et apostolicam benedictionem. Justis petentium desideriis dignum est nos facilem prebere consensum et ea, que a rationis tramite non discordant, effectu prosequente complere. Eapropter, dilecti in domino filii, vestris justis postulationibus grato concurrentes assensu presentibus vobis litteris indulgemus et auctoritate apostolica confirmamus, ne quis vobis aut ecclesiis vestris in terra aliqua constitutis pro reparatione murorum, pontium vel vallorum seu pro quibuslibet publicis functionibus aliquas exactiones inponat nullique liceat vim et libertatem privilegiorum vestrorum per litteras aliquas auferre vel temeritate qualibet vacuare. Dat. Verone 6. Id. Januar.

Original VII, 9.

62. *1188. März 12. Clemens III bestätigt dem Hospital das Recht seine Confratres zu begraben.*

Clemens episcopus etc. dilectis filiis magistro et fratribus hospitalis salutem et apostolicam benedictionem. Ea, que vobis superni conditoris intuitu ad prosequenda opera pietatis, quibus precipue semper intenditis, a sede apostolica sunt indulta, in sua convenit firmitate consistere et ne ipsius indulgentie va... ..... auctoritas contra quorumlibet calumpniantium pravitatem, presidium vobis debet apostolicum non deesse. Quoniam igitur super eo, quod vobis ab antecessoribus nostris Romanis pontificibus hoc est concessum, ut confratres vestros libere possitis tradere sepulture, quidam de prelatis ecclesiarum indultis vobis privilegiis contradicunt, presentis pagine auctoritate concedimus, ut liceat vobis eosdem confratres vestros, quos ecclesiarum prelati apud ecclesias suas non permiserunt sepeliri, nisi nominatim excommunicati vel interdicti fuerint, ad ecclesias hospitalis auctoritate nostra tumulandos deferre et sine contradictione aliqua in vestris cimiteriis sepelire et in ecclesiis vestris pro eorum animabus missarum solempnia celebrare. Si quis etc.... se incursurum. Dat. Laterani 4. Id. Mart. Pontificatus nostri anno primo.

Original X, 13.

63. *1188. April 7. Clemens III mahnt die Erzbischöfe etc. dem in der letzten Zeit schwer heimgesuchten Hospitale hülfreich zu sein.*

Clemens episcopus servus servorum dei venerabilibus fratribus archiepiscopis et episcopis et dilectis filiis aliis ecclesiarum ministris salutem et apostolicam benedictionem. Gravis illa et nimis dolenda ruina, quam dilecti filii nostri fratres hospitalis Jerosolimitani pro defensione fidei christiane diebus novissimis pertulerunt, illum debet ipsis et suis domibus in oculis hominum inpetrare favorem, ut ad eorum consolationem et remedium tam importabilis excidii detrimento pie conpassionis adhibendum optentu singuli sponte currere debeant potius quam aliorum expectent suggestionibus invitari. In hoc enim articulo per experimenti certitudinem evidentius apparebit, quis dei zelum habeat, quis injuriam populi christiani et tam enorme orientalis populi detrimentum pro amore domini et fidei christiane constantia desideret propulsare. Cum itaque retributionem largitatis expectare divine secura confidentia valeat, quisquis in tam gravi necessitatis articulo predicte domui ad tanti reparationem excidii subsidium in bonis temporalibus studuerit inpertiri, universitatem vestram hortamur, rogamus etiam attentius et mandamus, quatenus subjectos vestros regimini populos moneatis et per urgentissime pulsationis instantiam inducatis, sicut fieri posse celerius et commodius cognoscetis, ut ad peccatorum suorum remissionem non eis tantum, sed potius universitati catholice de bonis suis, que de manu divini beneficii perceperunt, subsidium non differant exhibere. Res enim tam urgentis et immensi discriminis moram non patitur, sed eadem hora, si posset fieri, remedium exigeret festinatum. Datum Laterani 7. Id. April. Pontificatus nostri anno primo.

Original X, 2.

64. *1188. August 22. Clemens III erlaubt den Hospitalitern an ihren Thüren ausgesetzten oder in ihren Krankenhäusern geborenen Knaben die Nothtaufe zu ertheilen.*

Clemens episcopus servus servorum dei dilectis filiis fratribus Jerosolimitani hospitalis salutem et apostolicam benedictionem. Etsi universorum justas preces admittere debeamus, eos tamen volumus et debemus facilius exaudire, qui sub religionis observantia caritatis sunt et hospitalitatis obsequio deputati. Unde est, quod cum ad januam vestram pueri alendi sepius deputentur vel in ipsa hospitalis domo nascantur, contingit pluries illos sine baptismi sacramento decedere, nos tante incommoditati misericorditer providere volentes presentium vobis auctoritate concedimus, ut liceat vobis pueros, qui ad ianuas domus vestre prohiciuntur alendi seu ibidem nascuntur, causa necessitatis sine alicuius prejudicio in pelvi vel alio vase modico baptizare. Nulli' ergo hominum liceat hanc paginam nostre concessionis infringere vel ei ausu temerario contraire. Si quis autem hoc attemptare presumpserit, indignationem omnipotentis dei et beatorum Petri et Pauli apostolorum eius se noverit incursurum. Datum Rome apud Mariam maiorem. 11 Kal. Septembr. Pontificatus nostri anno tercio.

Original X, 12.

65. *1194. September. Boemund von Antiochien schenkt dem Hospital zu Antiochien ein Grundstück.*

In nomine sancte et individue trinitatis, patris et filii et spiritus sancti. Amen.

Gratum esse deo sacrificium creditur loca divine dicata servituti bonis temporalibus ampliare et hoc de vero constat ad salutem animarum pertinere. Eapropter ego Boamundus, dei gratia princeps Antiochenus, Raimundi bone memorie principis filius, sperans me per fidelium orationes aliquam partem habere in resurrectione iustorum, concedo et per hoc presens confirmo privilegium sancte domui hospitalis Jerusalem, que est Antiochie, illam gastinam veterem cum omni sua pertinentia, quam Godofridus miles et Albereda uxor eius, filia quondam Ade de Peviers, donaverunt prenominate domui hospitali, que gastina conjungitur eidem domui, quemadmodum a via publica sibi contermina et a suo clauditur muro. Hanc gastinam cum omni sua pertinentia dono ac libere ac quiete ad vendendum, invadiandum et ad omnem voluntatem suam faciendam. Preterea dono eidem domui et concedo Georgium notarium, filium Vassilii, filii Vardi, in hominem peculiarem et heredes eius, quos de uxore sibi desponsata genuerit, exceptis illis hereditatibus, de quibus sasitus erat illa die, qua scriptum est illud privilegium. Si quam autem aliam conquirere poterit hereditatem, illam concedo et confirmo prefate domui hospitali libere, quiete et sine calumpnia jure perpetuo pro salute anime mee et omnium carorum meorum tam vivorum quam mortuorum. Et ut hoc firmum tenorem habeat, presentem cartulam scribi precepi et subscriptis testibus corroboratam mei sigilli principalis impressione muniri. Huius rei testes sunt: Rogerius constabularius, Rogerius de Seona, Gervasius senescalcus, Petrus de Hasart, Richerius de Erminato, Hugo de Flauncurt marescalcus, Ricardus de Angervilla, Julianus Jalnus, Nicholaus Jalnus dux Antiochie, Philippus Tivelli, Simon Burgewini camerarius. Factum est hoc privilegium anno incarnati verbi M⁰ C⁰ XC⁰ iiii⁰. Indictione XII^a, mense Septembri. Datum per manum Alexandri cancellarii.

Original IV, 42.